この本の使い方

ぼくはこの本の
案内をする
速読犬(そくどくケン)だよ！

トレーニング問題を解(と)いて、
本を高速で読む力を身につけます。

2

問題を解(と)いたら、ページをめくりましょう。
「物語を読む前に」に書いてある問題を
頭のかたすみに置(お)きながら、物語文を読みます。
そして、読むのにかかった時間をはかります。

3

その後、もう一度物語文を読み直し、
読むのにかかった時間を記入します。
きっと速く読めるようになっているはずです！

速読マスターを目指して、
最後まで高速で突(つ)っ走(ぱし)ろう！
ステージをクリアするたびに、
ぼくが成長するよ！

はじめに

本のタイトルを見て、
「見るだけで本当に高速で本が読めるようになるの!?」
と思った人もいるでしょうか。
正解は……**なれます！**
時間内に問題を解く練習をすることで、
子どもも大人も、読書が苦手な人も、
高速で本が読めるようになります。
高速で本が読めるようになると、次のような
いいことがたくさん起こります。
速読犬と一緒に楽しみながら解いていきましょう。
それではスタートです！

高速で本が読めるようになると……！

頭の回転が
速くなる！

本を読むのが
楽しくなる！

想像力(そうぞうりょく)が
アップする！

くり返し読むと
読解力(どっかいりょく)が
身につく！

思考力
（考える力）が
アップする！

教養(きょうよう)が
身につく！

時間の
使い方が
上手になる！

理解力(りかいりょく)が
アップする！

つまり……

**一生役に立つ
力が身につく！**

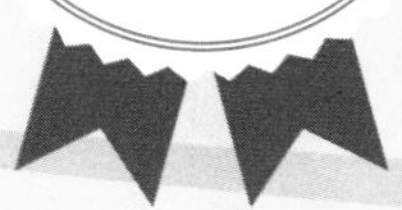

もくじ

この本の使い方 …… 1

はじめに …… 2

ステージ0 「読書速度」をはかってみよう！ …… 5

ステージ1 「見る幅を広げる」トレーニング …… 9

ステージ2 「一瞬で読み取る力」がアップするトレーニング …… 43

ステージ3 「高速で読む力」がアップするトレーニング …… 77

ステージ4 「イメージ力」がアップするトレーニング …… 101

ステージ5 「理解力（りかいりょく）」がアップするトレーニング …… 145

おわりに …… 203

答え …… 205

ステージ

0

「読書速度」をはかってみよう！

この本を読み始める前に、あなたの読書スピードを知ることから始めましょう。

次の2ページの物語を読むのにどのくらいかかるかな？　時間をはかってみよう。

それでは、スタート！

※「時間をはかるのがめんどうだな」と思う人は、10ページから始めよう。

ある日、おばあさんは川で桃を見つけました。持ち帰ってながめていると、桃が割れて、中から赤ちゃんが飛び出してきました。

「わたしたちが子どもがほしいと言っていたから、神さまが授けてくださったにちがいない」

桃の中から生まれたので桃太郎と名づけ、おじいさんとおばあさんは、それは大事に育てました。

桃太郎は体が大きくて力も強く、十五歳になるころには、日本一の強さを誇るようになりました。桃太郎はどこか外国へ出かけて、思いきり力だめしをしてみたくなりました。

そのころ、「遠い海の向こうに鬼ヶ島というところがある。悪い鬼どもが、あちこちからかすめ取っ

この２ページは、読書速度をはかるためのページだよ！

た宝物をそこに集めている」という話を耳にしました。桃太郎はその鬼ヶ島へ行きたくなり、いても立ってもいられなくなりました。そして、

「鬼ヶ島へ、鬼たいじに行こうと思います」

と、おじいさんとおばあさんに話しました。

「ほう、それは勇ましいことだ。行っておいで」と

おじいさんは言いました。

「そんな遠方へ行くのでは、さぞおなかがすくだろう。きびだんごをこしらえましょう」

とおばあさんは言いました。

どうでしたか？　読むのに かかった時間を書いてみよう！

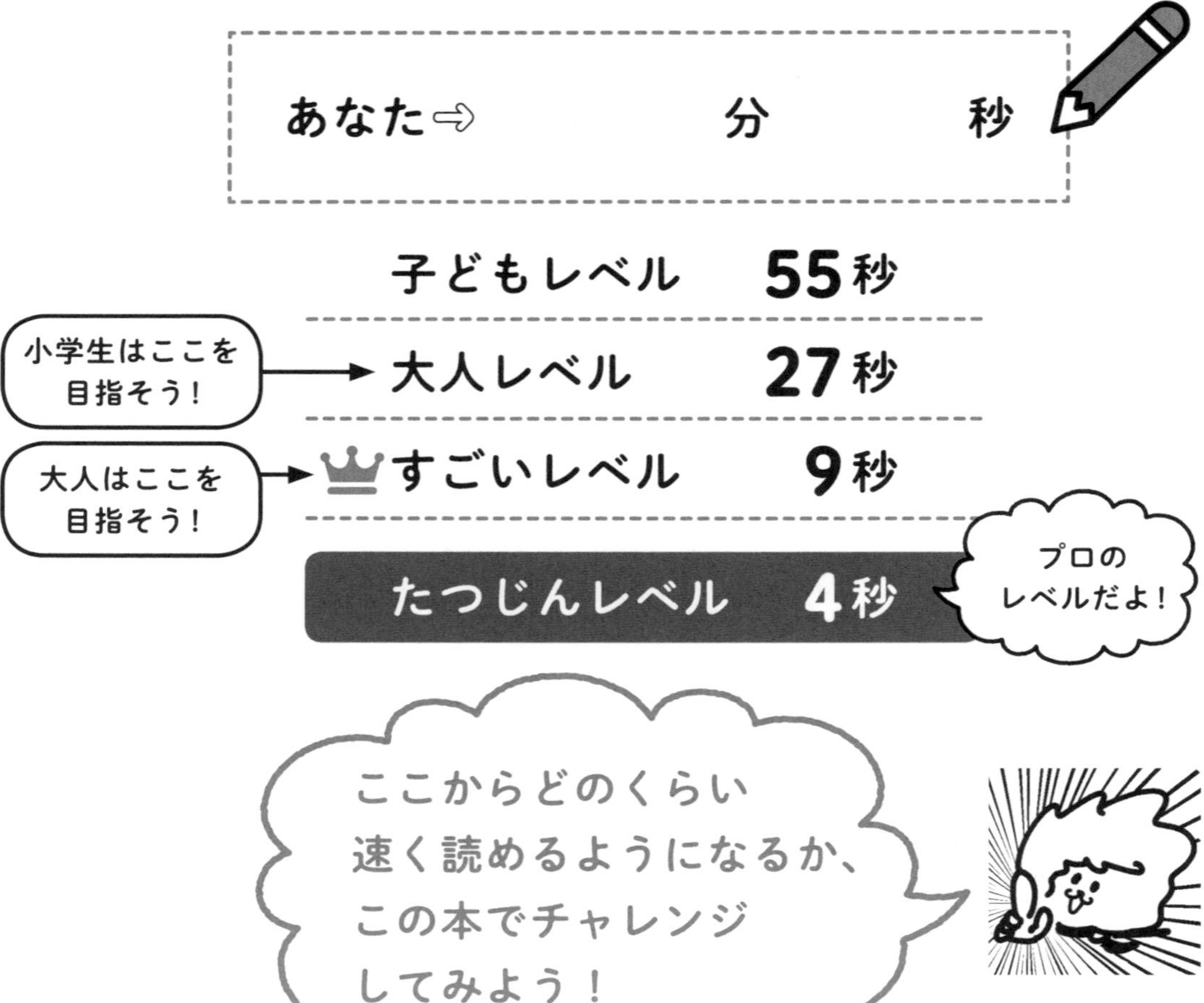

ステージ
1

「見る幅(はば)を広げる」トレーニング

トレーニングの流れとポイント

1 まず問題を「一秒でも速く解く」ことを心がけよう

2「物語文を読む前に」にある問いを思いうかべながら、物語文を「一秒でも速く」読もう

レベル：★☆☆☆☆

1

右の絵と左の絵でちがうところが5ヶ所あります。それはどこでしょう？

左ページの「解き方のポイント」も見よう！

目標時間

解き方のポイント

なるべく全体を見るようにすると、
まちがいが見つかりやすくなるよ！

答えは205ページ

レベル：★★☆☆☆

この中に、一匹(ぴき)だけちがう「さる」がいます。どこにいるでしょうか？

まちがいを速く見つけられるようになると、文字を見るスピードが上がって本を読むスピードもアップするよ！

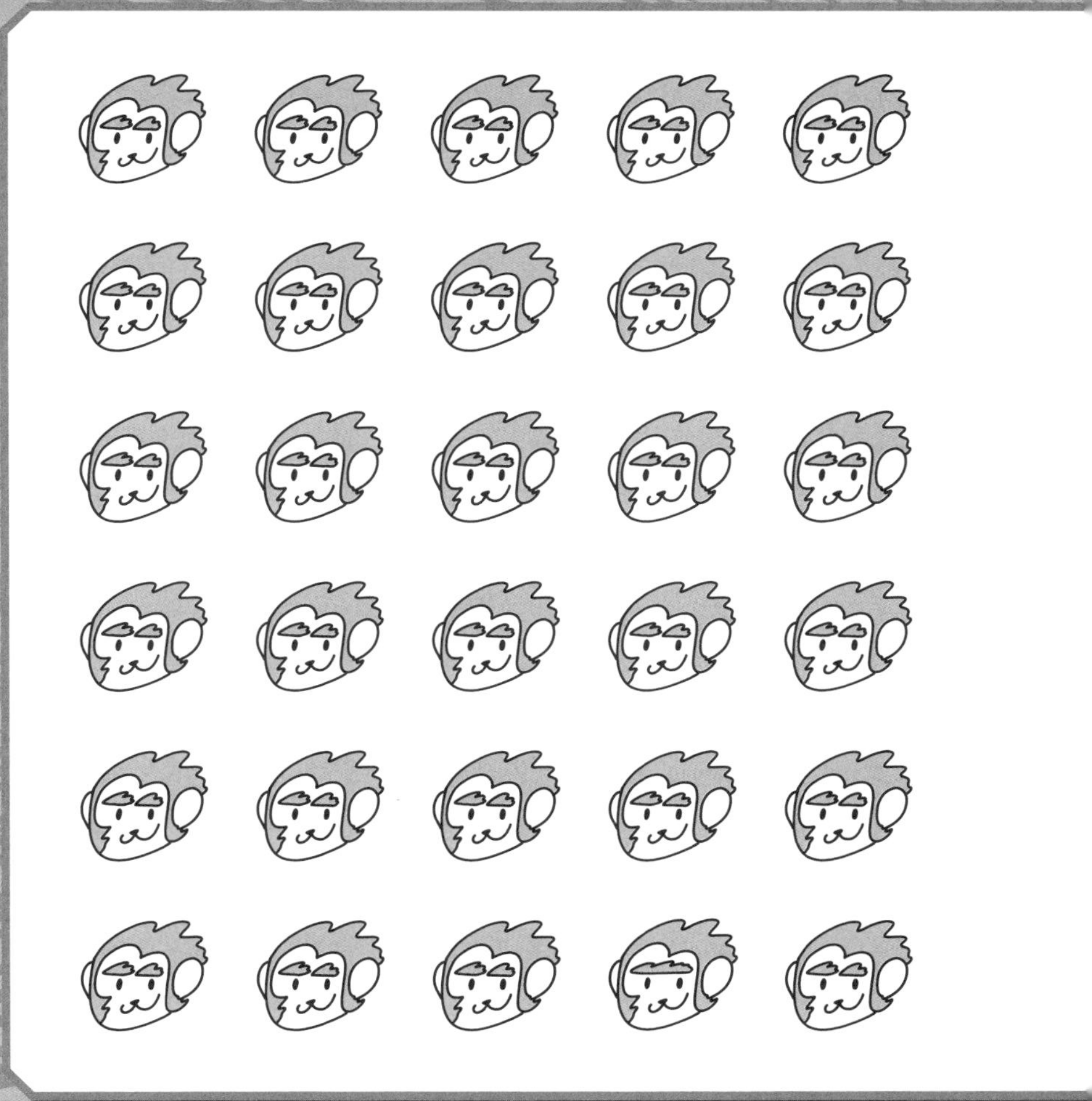

答えは205ページ

かいせつ

本を読むときは、次の二点に気をつけると、読むスピードが上がります。

一つ目は、なるべく文字をたくさん見ること。文字を一つずつ見ると読むスピードは上がりませんが、一

「読む」のイメージ

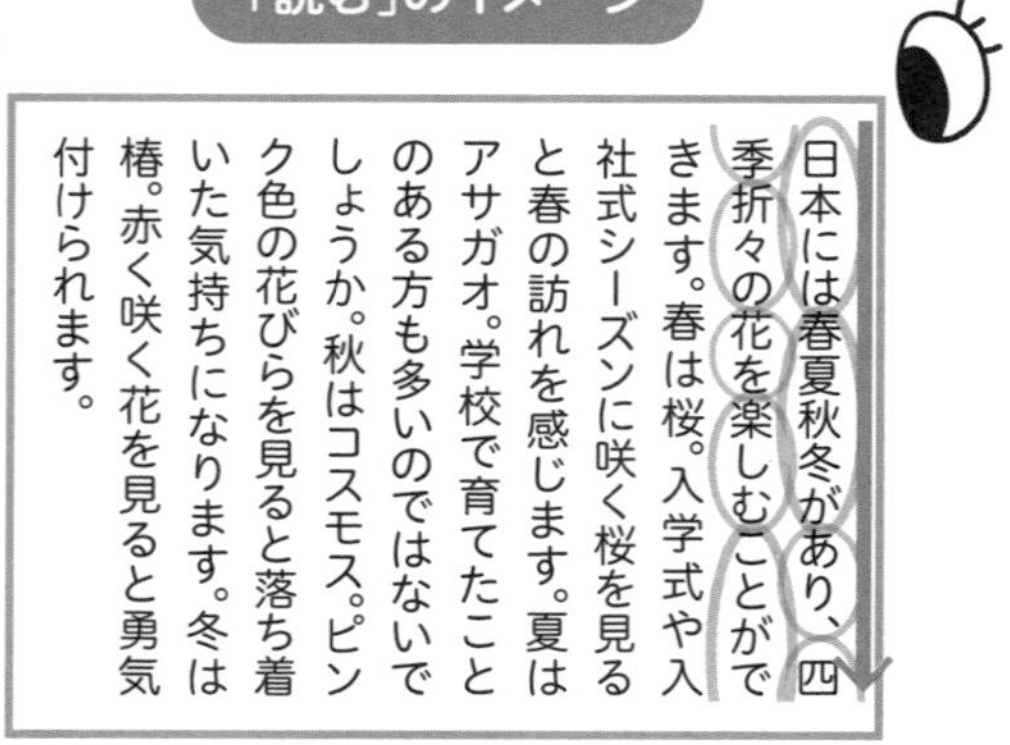

日本には春夏秋冬があり、四季折々の花を楽しむことができます。春は桜。入学式や入社式シーズンに咲く桜を見ると春の訪れを感じます。夏はアサガオ。学校で育てたことのある方も多いのではないでしょうか。秋はコスモス。ピンク色の花びらを見ると落ち着いた気持ちになります。冬は椿。赤く咲く花を見ると勇気付けられます。

一文字ずつ目で追う

「速読」のイメージ

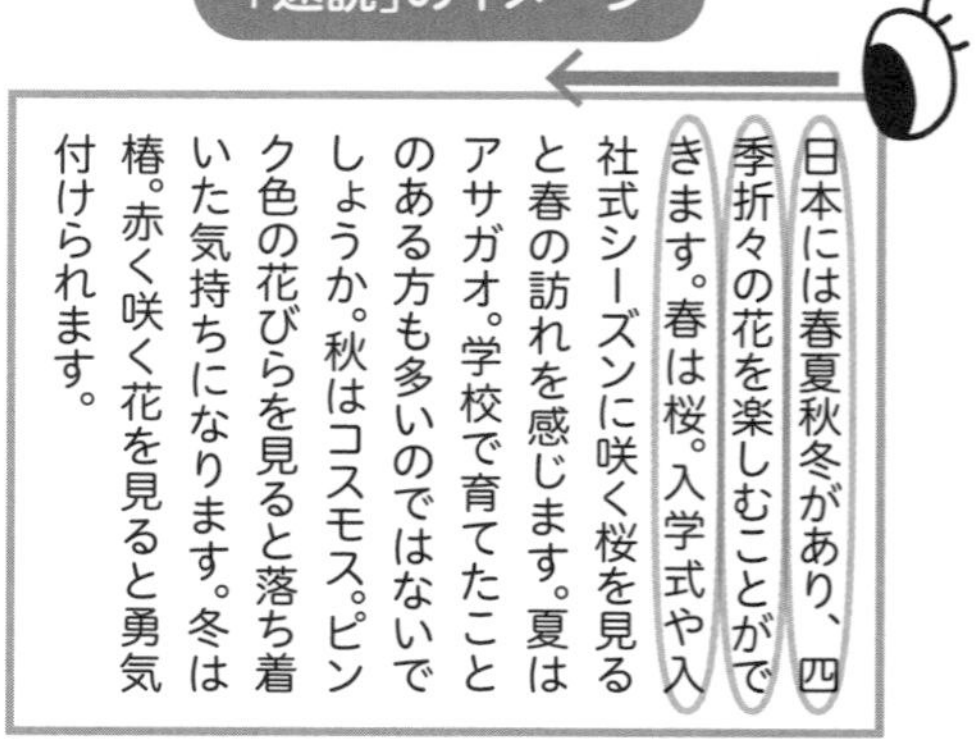

日本には春夏秋冬があり、四季折々の花を楽しむことができます。春は桜。入学式や入社式シーズンに咲く桜を見ると春の訪れを感じます。夏はアサガオ。学校で育てたことのある方も多いのではないでしょうか。秋はコスモス。ピンク色の花びらを見ると落ち着いた気持ちになります。冬は椿。赤く咲く花を見ると勇気付けられます。

2文字以上をできるだけ一度に見る

度に見る文字量が増えれば、速度は上がります。

二つ目は、解く時間を決めること。時間を決めずに解くと、速く見る練習になりません。時間を決めて解くほうが、脳にエンジンがかかりやすくなって、集中力もアップします。

では次の問題にチャレンジしてみましょう。

物語文を読む前に

このあとの物語文の中で、動物たちがすもうをとっています。どの動物とどの動物がすもうをとっているでしょうか？ このあとの物語文を読んで答えましょう。

解答例は24ページ

物語文

前のページに書いてある問いを頭のかたすみに置きながら、次の物語文を高速で読みましょう。

読むのに
どれくらいかかるか
時間を
はかってみよう！

目標時間

むかし、ある山奥に、金太郎というとても強い子どもがいました。七つか八つのころには、石うすをらくらくと持ち上げてしまうくらいでした。

大人を相手にすもうを取っても、たいてい負けません。近所に相手がいなくなるとつまらなくなって、金

ぼくの顔から顔を
上から下にすばやく
見るようにすると、
速く読めるよ！

太郎は一日森の中をかけまわりました。そして大きなまさかりで大きな木を切りたおしては、きこりのまねをして楽しんでいました。

ある日、森のずっと奥に入っていくと、のっそり大きなくまが出てきました。すると金太郎は、くまを地べたにドスンと投げつけました。

「なんだ、くまのくせに。金太郎を知らないか」

くまはあやまって金太郎の家来になりました。

森の中で大将のくまが金太郎の家来になったのを見て、その後からうさぎやさる、しかが、ぞろぞろついてきました。

「金太郎さん、どうぞ家来にしてください」

金太郎はそれから毎朝、おむすびをたくさん持って森へ出かけました。口笛を吹くと、くまやしか、さるやうさぎがのそのそ出てきました。金太郎はこの家来たちを連れて、山の中を歩きまわりました。

　ある日、やわらかな草の生えているところで、

「さあみんな、すもうを取れ。ごほうびにはこのおむすびをやるぞ」

　と金太郎が言いました。

はじめにさるとうさぎが取

り組んで、しかが行司になりました。うさぎがさるのしっぽをつかまえて土俵の外へ引っぱり出そうとすると、さるがうさぎの長い耳をつかみ、うさぎは痛がって手を放しました。勝負がつかなくなって、どちらもごほうびがもらえませんでした。

今度はうさぎが行司になって、しかとくまが取り組みましたが、しかは角ごとくまにひっくり返されてしまいました。金太郎は「おもしろい、おもしろい」と言って手をたたきました。

最後に金太郎が土俵のまん中に立って「みんないっぺんにかかってこい」と手を広げました。

みんなで金太郎をたおそうとしましたが、どうしてもたおせません。うさぎもさるもしかもくまも、土俵の外に出されてしまいました。

「さあ、みんなにおむすびを分けてやろう」と金太郎が言って、おむすびをみんなで食べました。

帰り道、大きな谷川のふちへ出ました。水はえらい勢いで流れていますが、橋はありません。

みんなは、

「どうしましょう。あとへ引き返しましょうか」

と言いました。

金太郎は一人へいきな顔をして、

「なあにいいよ」

と言い、まさかりをほうり出して、近くに立っていた大きな杉の木に両手をかけました。そして二、三度ぐんぐん押して、木をたおしました。すると川の上に、りっぱな橋ができました。

金太郎はまさかりを肩(かた)にかついで、先に渡っていきました。みんなは顔を見合わせて、

「えらい力だなあ」

とささやき合いながらついていきました。

楠山正雄『金太郎』（『日本の神話と十大昔話』講談社）改変

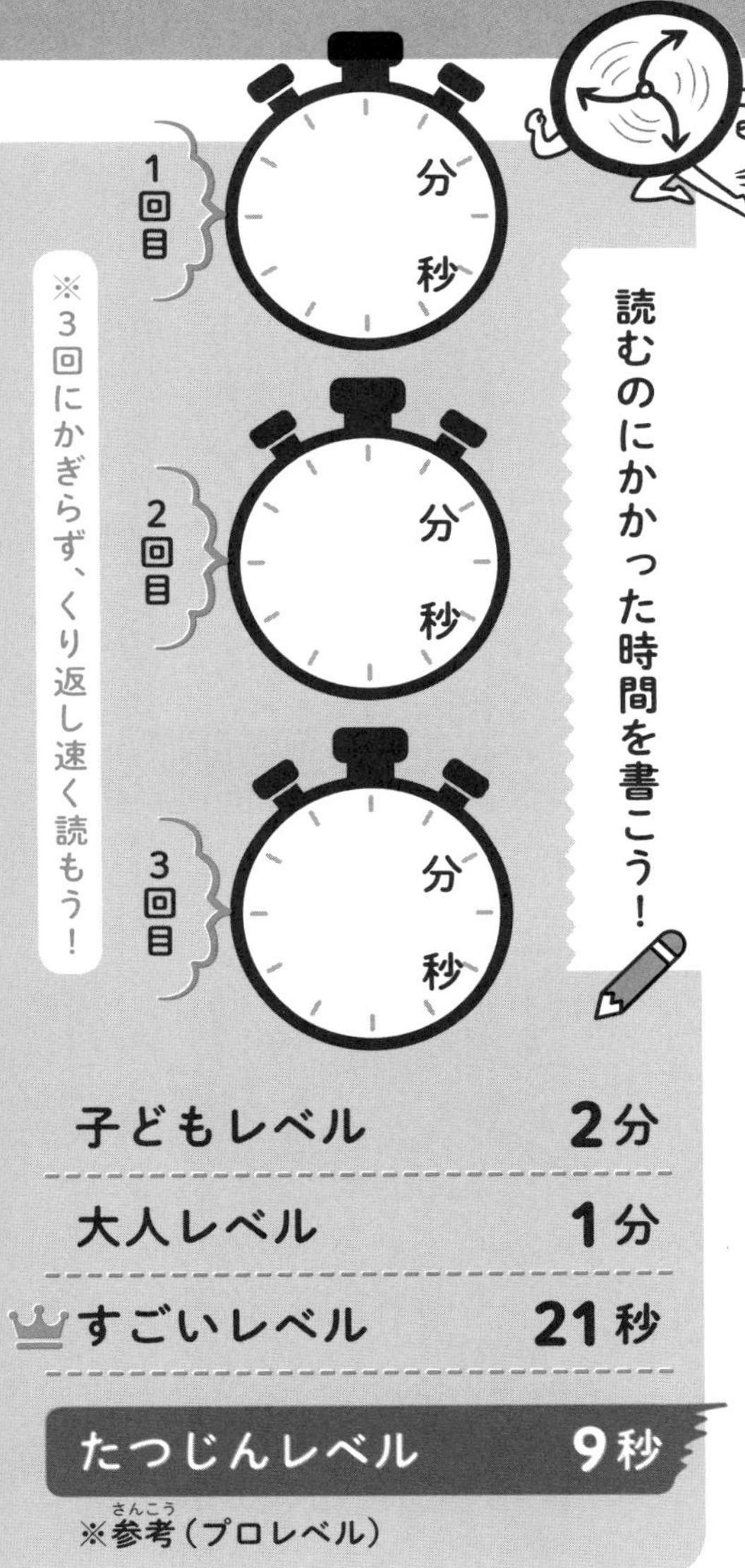

子どもレベル　2分

大人レベル　1分

すごいレベル　21秒

たつじんレベル　9秒

※参考（プロレベル）

16ページの解答例

文章を「読む」のではなく、答えを見つける感覚で文章を「見る」と、ページ全体を見ることができます。さらに読むポイントをはっきりさせてから見ると、ラクに読めるはずです。

あらためて、速く読むコツは次の二つです。

1 文章全体を見ながら読もう

読解力・読むスピードを高めるには、１文字１文字見るのではなく、「文章全体」を見るようにします。

2 時間を決めて読もう

時間を決めて読むことで、脳にエンジンがかかりやすくなり、集中力もアップするよ。

では、もう一度物語文を読んでみましょう。

読むスピードはどうなっているでしょうか？

レベル：★★☆☆☆

この中に、一つだけおならを二発している桃（もも）があります。それはどれでしょうか？

左ページの「解き方のポイント」も見よう！

目標時間

解き方のポイント

絵や文字を一つひとつ見ず、ページ全体を見る＋できるだけ急いで見つけると、高速で読むトレーニングになるよ！

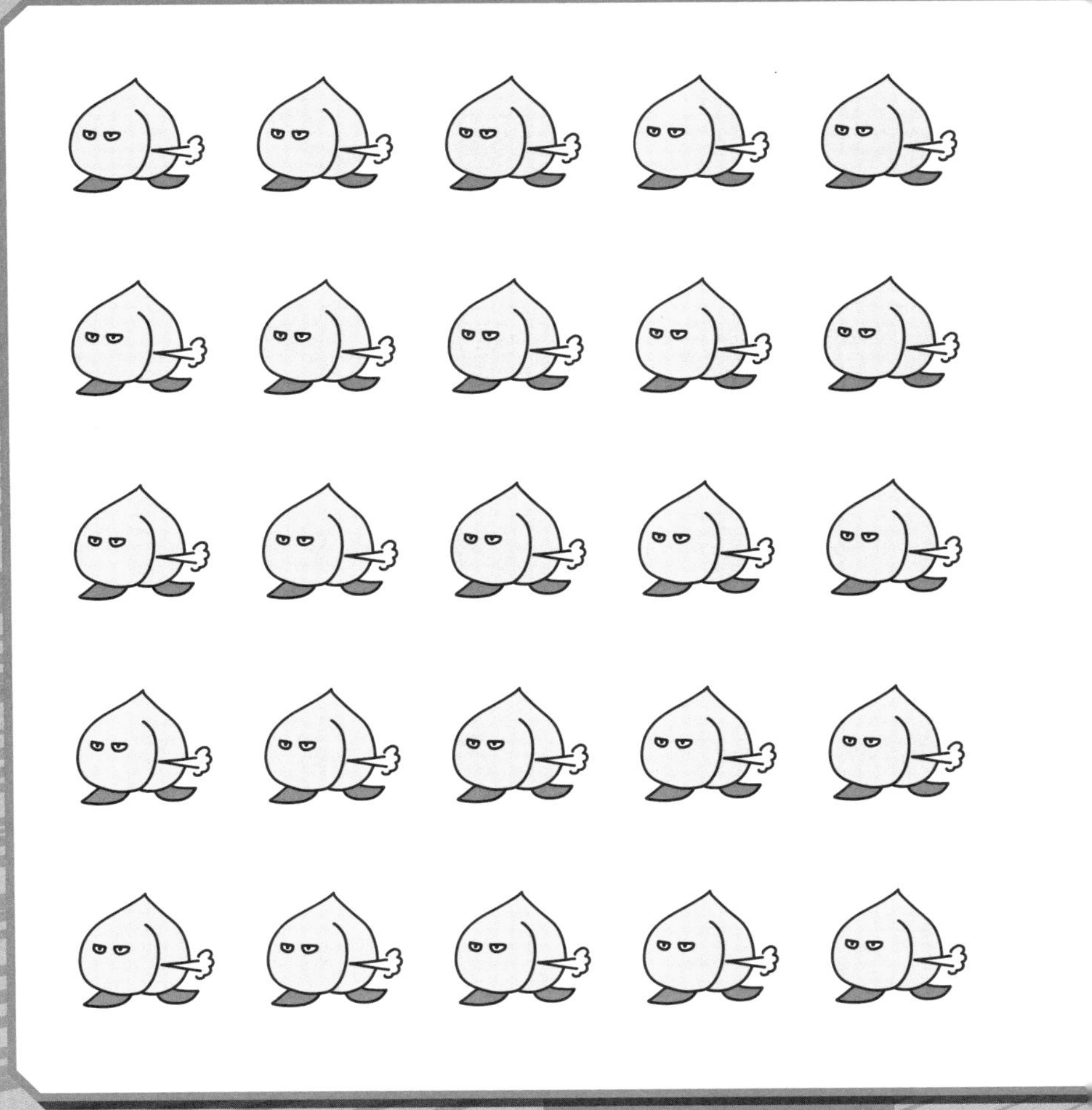

答えは205ページ

レベル：★★☆☆☆

次の中に、一つだけおかしな文字があります。どれでしょうか？右ページと左ページ、それぞれ1文字ずつ探(さが)しましょう。

左ページの「解き方のポイント」も見よう！

目標時間

30秒

答えは205ページ

解き方のポイント

右ページは「ももたろう」、左ページは「桃（もも）」以外に、別の文字がまざっていないかな？

桃 桃 桃 桃 桃 桃
桃 桃 桃 桃 桃 桃 桃 桃
桃 桃 桃 桃 桃
桃 挑 桃 桃 桃 桃 桃
桃 桃 桃 桃 桃 桃 桃 桃
桃 桃 桃 桃 桃 桃
桃 桃 桃 桃 桃 桃 桃 桃 桃 桃

答えは205ページ

いかがでしたか？
くり返しになりますが、ページ全体を見ること、速く見つけることを意識して解くと、まちがいが見つかりやすくなります。

まちがいさがしが得意になると、より速く文章が読めるようになります。

それでは次のページに進みましょう。

このあとの物語文で、鬼ケ島へ向かうことを決めた桃太郎（ももたろう）は、心の中にどんな言葉を思い浮（う）かべていたと思いますか？　くり返し速く読みながら考えましょう。

答えは一つじゃないから、気軽に考えてみてね。

解答例（かいとうれい）は39ページ

物語文

前のページに書いてある問いを頭のかたすみに置きながら、次の物語文を高速で読みましょう。

読むのに
どれくらいかかるか
時間を
はかってみよう！

目標時間

むかしむかし、あるところに、おじいさんとおばあさんがいました。おじいさんは山へしば刈りに、おばあさんは川へ洗たくに行きました。

ある日、おばあさんが川のそばでせっせと洗たくをしていると、川上から大きな桃がひとつ、ドンブラコッコ、スッコッコ、と流れてきました。

「おやおや、これはみごとな桃だこと。おじいさんへのおみやげに持って帰りましょう」

おばあさんは桃を拾い上げ、かかえておうちへ帰りました。

夕方になって山から帰ってきたおじいさんは、そのあまりに大きな桃にびっくりし、両手にのせてしばらくながめていました。

すると突然、桃はぽんと二つに割れました。そして中から「おぎゃあ、おぎゃあ」と勇ましいうぶ声を上げながら、かわいい赤ちゃんが元気よく飛び出してきたのです。二人はとてもおどろきました。

「わたしたちが子ども

がほしいと言っていたものだから、神さまがこの子を授けてくださったにちがいない」

二人はうれしがって、こう言いました。

桃の中から生まれたので桃太郎と名づけ、おじいさんとおばあさんは、それは大事に育てました。桃太郎は体が大きくて力も強く、すもうをとっても村中でかなう者は一人もいないほどでした。

十五歳になるころには、日本一の強さを誇るようになりました。桃太郎はどこか外国へ出かけて、

思いきり力だめしをしてみたくなりました。

そのころ、「遠い海の向こうに鬼ヶ島というところがある。悪い鬼どもが、あちこちからかすめ取った宝物をそこに集めている」という話を耳にしました。桃太郎はその鬼ヶ島へ行きたくなり、いても立ってもいられなくなりました。

そして、

「鬼ヶ島へ、鬼たいじに行こうと思います」

と、おじいさんとおばあさんに話しました。

「ほう、それは勇ましいことだ。行っておいで」

とおじいさんは言いました。

「そんな遠方へ行くのでは、さぞおなかがすくだろう。きびだんごをこしらえて上げましょう」

とおばあさんは言って、庭のまん中に大きなうすを持ち出しました。そしておじいさんがきねを取ると、おばあさんはこれね、「ぺんたらこっこ、ぺんたらこっこ」と、きびだんごをつき始めました。

きびだんごができ上がるころには、桃太郎の身支度もすっかり整いました。桃太郎は侍の着るような服を着て、刀を腰にさして、きびだんごの袋をぶら下げました。そ

して言いました。

「ではお父さん、お母さん、行ってまいります」

「りっぱに鬼をたいじしてくるがいい」

「気をつけて、けがをしないようにおしよ」

「なに、大丈夫です、日本一のきびだんごを持っているのですから。では、ごきげんよう」

桃太郎は元気に出ていきました。

おじいさんとおばあさん

は門の外で、いつまでも見送っていました。

楠山正雄『桃太郎』（『日本の神話と十大昔話』講談社）改変

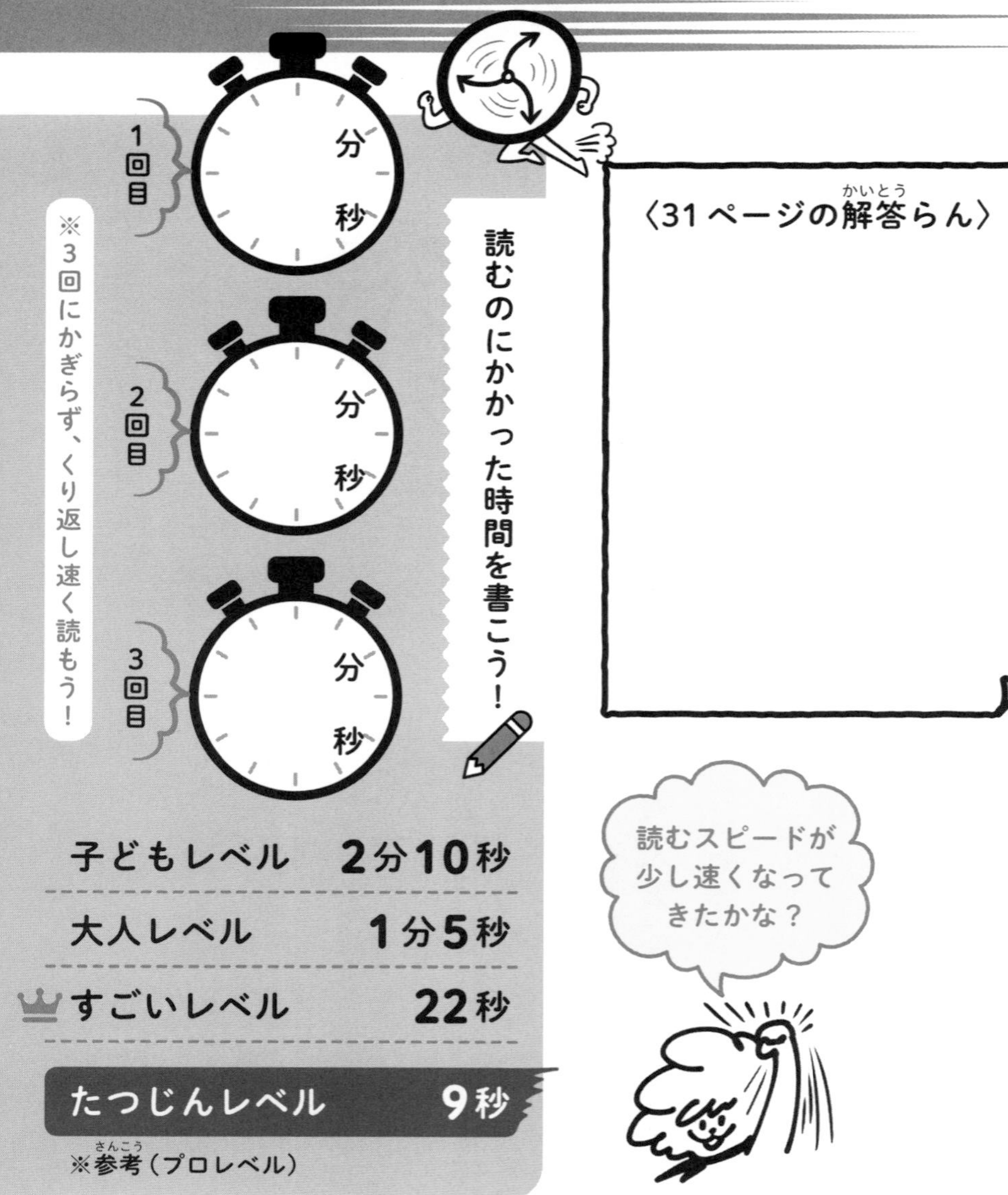

31ページの解答例
ああは言ったものの、本当に強いやつが島にいるのかな…？ 本当に強いやつは都にいる気もするけど、まあいいか。
あれ？ おじいさんもおばあさんも、ぼくが鬼ヶ島に行くの、止めてくれないの…？
あれ？ そもそも聞いた話だけを信じて、鬼をたいじしてしまってもいいのかな……？
ぐるん
ぐるん

かいせつ

31ページの問いで「これで強いやつと戦えるぞ。ワクワク」と答えた人もいるのではないでしょうか。

これは決してまちがいではないのですが、読み方を工夫することで、さらに理解を深めていくことができます。

おすすめなのが**「三段階高速読書法」**です。これは、読み方を変えて三回読む方法になります。

一回目は、書かれていることをその

まま読みます。二回目は、本当に正しく読み取れているか、確認するつもりで読みます。そして三回目は、31ページの問いのように、「他の考え方はないか」という視点で読みます。すると、速く読んでもより深い理解が得られるのです。

では、もう一度物語を読んでみましょう。読むスピードはどうなっているでしょうか？

すばやく文字を見て、まずは最後まで読もう。そうすれば、2回目は気楽に読めるよ！

認定書
おめでとうございます!!
あなたは
「見る幅を広げる」
能力を手に入れました！
レベルアップ
読むスピードアップ！
ブーンッ！

ステージ 2

「一瞬で読み取る力」がアップするトレーニング

トレーニングの流れとポイント

1 まず問題を「一秒でも速く解く」ことを心がけよう

2「物語文を読む前に」にある問いを思いうかべながら、物語文を「一秒でも速く」読もう

言葉の順番がぐちゃぐちゃになってしまいました。正しくならべかえましょう。

レベル：★★☆☆☆

左ページの「解き方のポイント」も見よう！

まあた → □□□
がわけ → □□□
しゃば → □□□
うしぼ → □□□
ろばひ → □□□
というが → □□□□
ちむゅう → □□□□
ざけかん → □□□□
おどりおお → □□□□□

目標時間

答えは205ページ

正しい言葉の順番がすぐにわかるということは、見ただけで何が書いてあるかわかることになるよね。つまり、たくさんの言葉を知っていると、書いてある内容を一瞬（いっしゅん）で理解（りかい）できるようになるんだ！

おりこ → □□□

すから → □□□

なきゆこ → □□□□

りわにと → □□□□

おうじょ → □□□□

ぞおらお → □□□□

おみかお → □□□□

んぶうす → □□□□

うみみず → □□□□

答えは205ページ

レベル：★★★☆☆

2

次の文字の中に、「いきもの」がかくれています。どこでしょうか？たて・よこ・ななめを探しましょう。下から読んでもOKです。

ハ	ヤ	ク	タ	ベ	タ	イ
ア	カ	ペ	ラ	ウ	マ	カ
ス	カ	ン	ク	イ	ル	ワ
イ	ソ	ギ	ガ	ク	ル	ウ
ン	ダ	ン	ソ	ル	ッ	ソ
コ	ア	ラ	ソ	レ	ー	ネ
オ	ヤ	ス	ミ	ナ	サ	イ

ヒント　6匹・3文字以上

左ページの「解き方のポイント」も見よう！

目標時間　3分

答えは205ページ

速く見つけるコツを二つ、思い出そう！
①絵（文字）を一つひとつ見ず、ページ全体を見る
②できるだけ速く見つけようと心がける
だったよね。できているかな？

オ	ラ	ン	ク	ミ	ス	グ
ト	ラ	イ	カ	ミ	ス	ド
モ	イ	オ	ラ	ズ	イ	ク
ソ	オ	ア	ス	ク	ペ	ロ
ト	ン	ニ	ワ	ト	リ	ダ
ア	ス	ッ	カ	ラ	カ	ン
モ	ウ	カ	エ	ル	ン	ダ

ヒント 7匹（ひき）・3文字以上

答えは205ページ

かいせつ

言葉に関するトレーニング、いかがでしたか。

本を読むのが速い人は、どの問題も、あっという間に解いてしまいます。

その秘密は、「視線の動かし方」にあります。

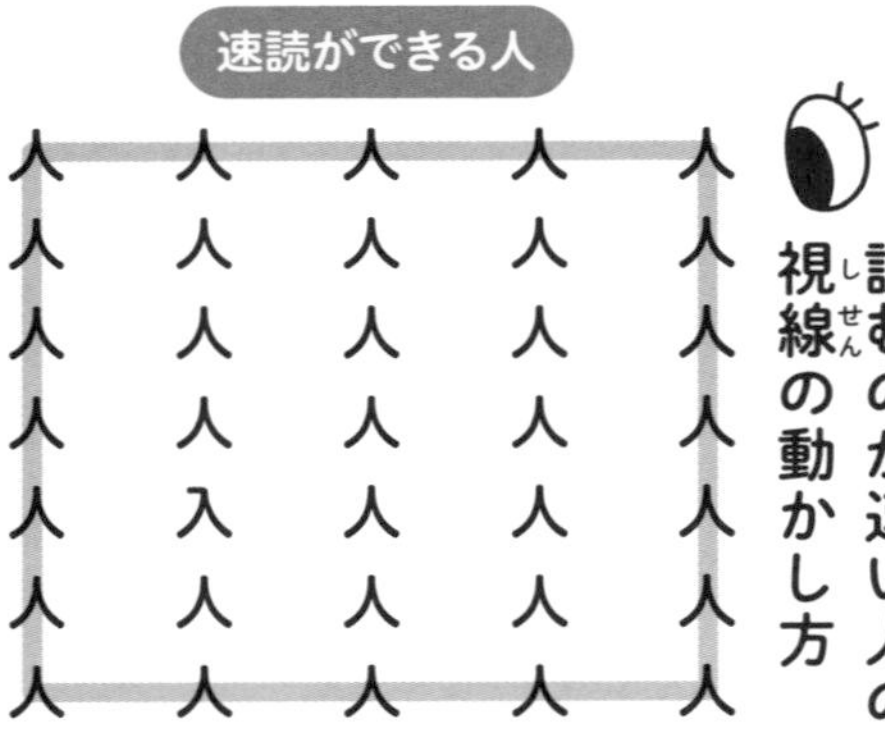

速読ができる人

読むのが速い人の視線の動かし方

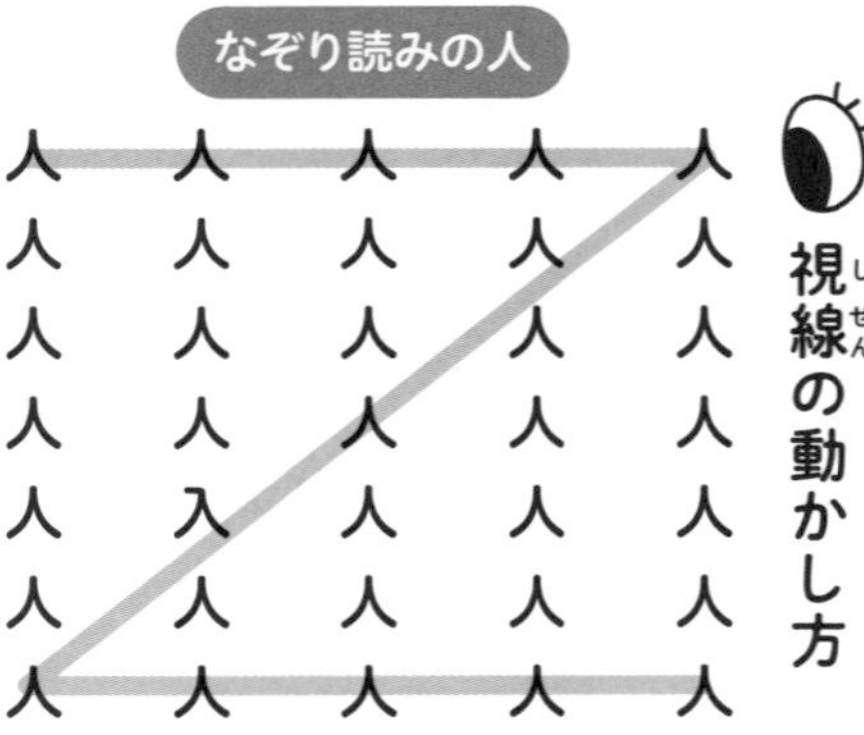

なぞり読みの人

読むのが遅い人の視線の動かし方

読むのが遅い人は文字を一つずつ見るので、解くスピードも下がります。読むのが速い人はページ全体を見るので、すぐ答えが見つかるのです。

これが「視野の広さ」のちがいです。視野は、「ものを見る幅」のこと。視野が広がると、読む速度も上がります。視野の広さを身につけ、読む速さにみがきをかけてください。

では、「視野の広さ」を意識して、次の問いに進みましょう！

物語文を読む前に

このあとの物語には、音やものの声を表した言葉が出てきます。

それは、どんな言葉でしょうか。

このあとの物語文を読みながら探してみましょう。

例 雨＝ざあざあ

解答例は58ページ

物語文

前のページに書いてある問いを頭のかたすみに置きながら、次の物語文を高速で読みましょう。

読むのに
どれくらいかかるか
時間を
はかってみよう！

目標時間

【ある日、悪魔が自分の作った鏡をあやまって空から地上に落としてしまい、割れたかけらが地上にいるカイの胸と目につき刺さってしまいました。すると、やさしかったカイは、人が変わったように意地悪な人間になってしまいました】

粉雪が舞うある冬の日、カイはソリをかついで大きな広場に出かけました。その広場では、子どもたちが馬車につないだソリで、夢中になって遊んでいました。そこへ、人の乗った大きな白いソリが一台やってきたので、カイはそれに自分の小さなソリをしばって一緒にすべって遊びました。

ところが、そのソリのスピードがだんだん速くなり、やがて大通りを抜(ぬ)けて門の外へと飛び出してしまいました。カイはあわててその大ソリから離(はな)れようとしましたが、ソリはしっかりとしばりつけられていて離(はな)れません。大声をあげて助けを求めましたが届かず、祈ろうと思っても頭に浮かんでくるのはかけ算の九九ばかり。

大ソリの上に積もった粉雪(こなゆき)のかたまりがみるみる大きくなって、しまいにはまるでニワトリのようになりました。その雪のニワトリが両側に飛び立ったとたん、大ソリはようやく止まりました。

ソリから女の人が降りてきました。すらりと背の高い、目のくらむほど真っ白な美しい女の人でした。毛皮のがいとうも帽子も、すべて雪でできています。それは雪の女王だったのです。

「ずいぶんよく走ったわね」と、女王は言いました。カイが寒さと恐ろしさでぶるぶるふるえていると、

「あら、ふるえているのね。わたしの熊の毛皮にお入り」

そう言いながら、女王はカイを自分のソリに入れて横に座らせ、体に毛皮をかけてやりました。すると、暖かくなるどころか、まるで雪の中に

埋められたように、ひどく寒く感じました。

「まだ寒いのね」と、女王はカイの額に頬をつけました。それは氷よりももっと冷たいものでした。

あまりの寒さにカイは死んでしまうのではないかと思いましたが、やがてぼんやりと気持ちがよくなり、寒さが気にならなくなりました。

「ぼくのソリはどこ？」

カイはふと自分のソリのことを思い出しました。すると、雪の女王はもう一度カイに頬ずりをしました。

そしてこう言いました。

「さあ、もう頬ずりはやめ

ましょうね。これ以上すると、おまえを死なせてしまうかもしれないからね」

カイは女王を見上げました。これほど知的で美しい人を見たことがなく、この女王が氷でできているとはとても思えません。カイの目に女王は完ぺきにうつり、もはや恐(おそ)ろしさなど吹(ふ)き飛んで、女王に夢中になりました。

カイは分数も暗算できることや、自分の国の面積や人口の話など、自分の賢(かしこ)

さを女王に知ってもらいたくて、いろいろな話をしました。女王は始終にこにこして聞いていましたが、やがてカイを連れて大空へ高く飛び、高い黒雲の上までへも飛んでいきました。

ざあざあ、ひゅうひゅう歌でも歌っているような吹雪の中、女王とカイは森や湖の上を飛んでいきました。下の方では冷たい風がごうごうなって、狼の群れが吠え、雪がしゃっしゃっときしみ、その上を真っ黒なカラスがカアカア鳴いて飛んでいます。しかし、はるか上の方にはお月さまが大きくこうこうと照っていました。

カイは夜の間、このお月さまをながめて過ごし、昼になると女王の足もとで眠るのでした。

ハンス・クリスティアン・アンデルセン著、楠山正雄訳
『雪の女王』（『新訳アンデルセン童話集第二巻』同和春秋社）改変

〈50ページの解答らん〉

この物語は、
映画
「アナと雪の女王」の
原作となった
話だよ！

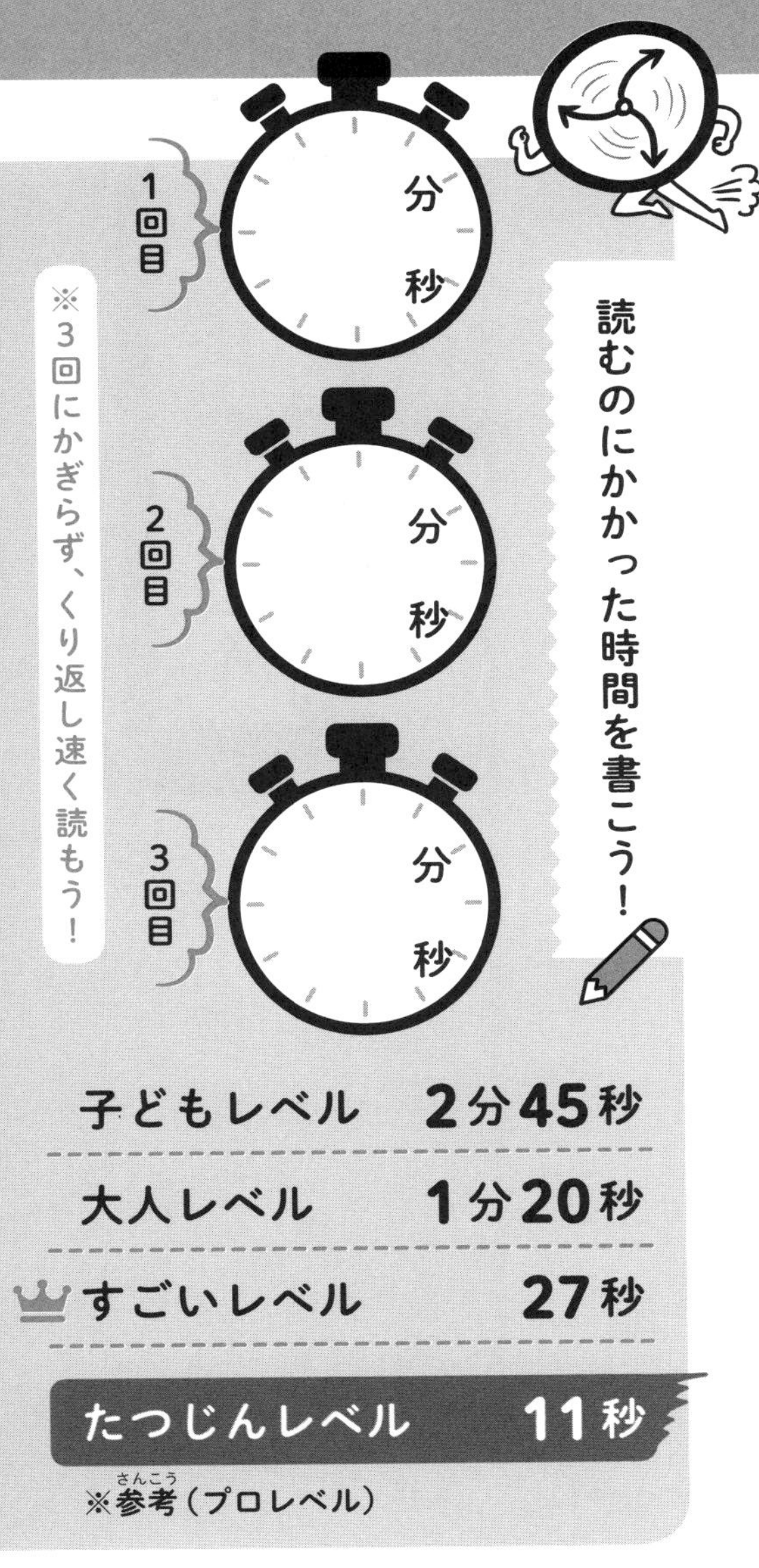

カイ＝ぶるぶる（ふるえている様子）

吹雪＝ざあざあ、ひゅうひゅう

冷たい風＝ごうごう

雪＝しゃっしゃっ

カラス＝カアカア

わからなかった人は、もう一度高速で物語を読み直してみよう！

特定の言葉を探す見方で物語を見てもらいました。言葉をたくさん知っていると、高速で文章を見ていても、目に入る言葉から何となく内容をイメージできるようになります。すると、速く読んでも内容を丁寧に理解することができます。

知っている言葉を増やすには、しりとりをしたり、よく使う言葉を他の言葉に言いかえる練習などがおすすめです。「楽しい」を別の言葉で言うと？　などと考えてみます。

では、もう一度物語文を読んでみましょう。読むスピードはどうなっているでしょうか？

レベル：★☆☆☆☆

問題 3

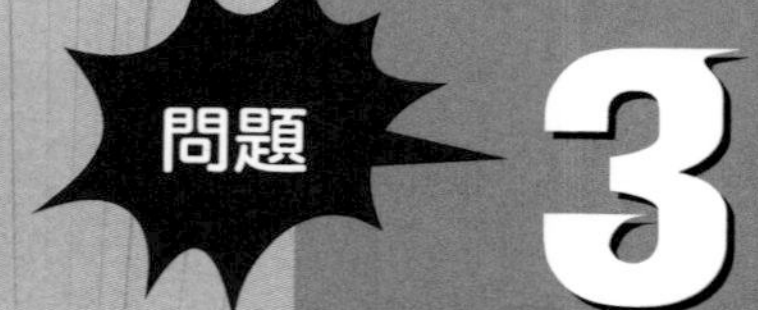

オオカミのところに行かないよう気をつけながら、おばあさんの家に向かいましょう。

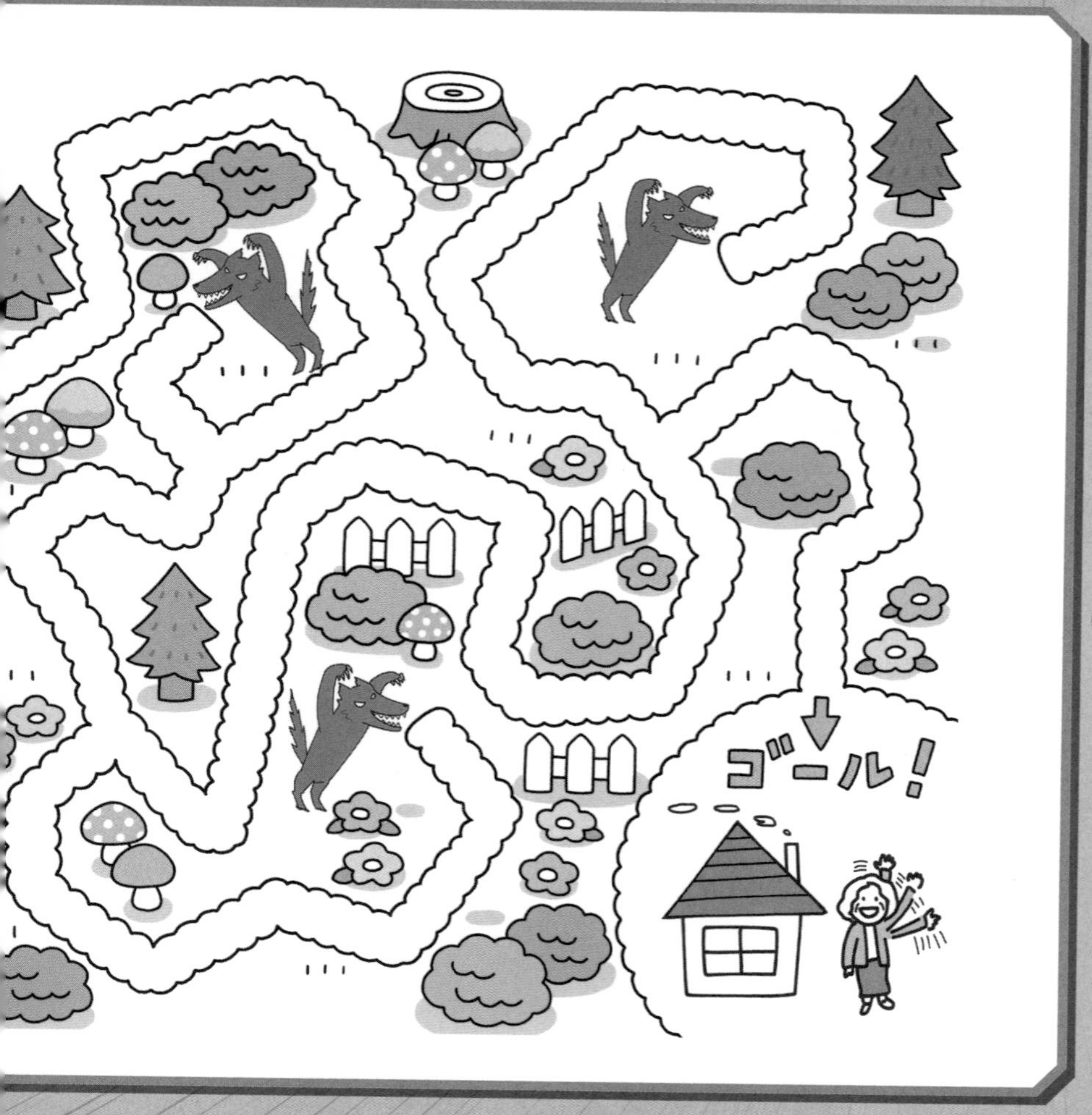

左ページの「解き方のポイント」も見よう！

目標時間 1分

解き方のポイント

いきなり解くのではなく、まず全体を見てから解くようにすると、速くゴールにたどりつくよ！

スタート！

答えは205ページ

レベル：★★★★☆

4

おばあさんが、『赤ずきんちゃん』の本を持ってきてと言っています。どこにあるでしょうか？探しておばあさんに届けましょう。

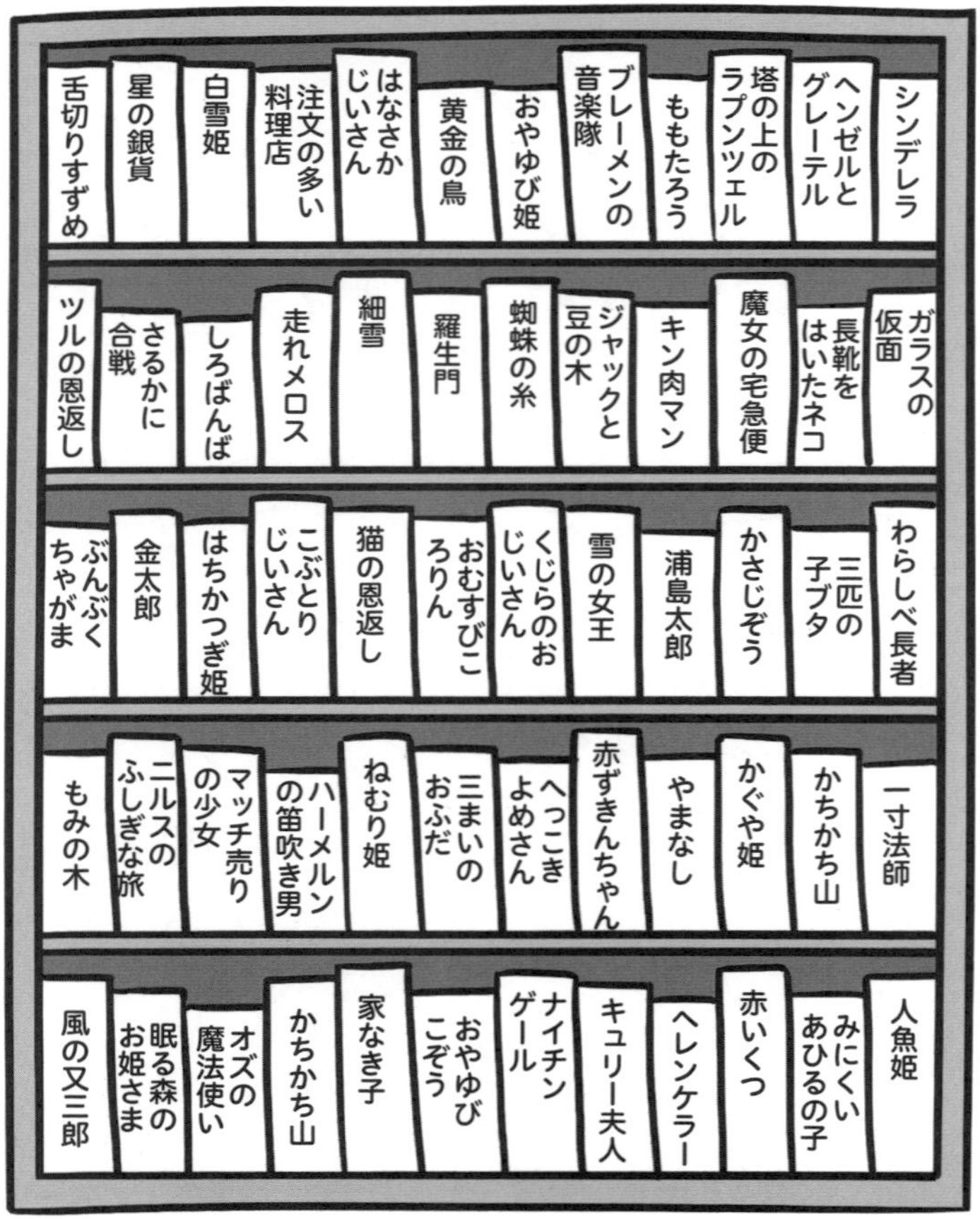

シンデレラ
ヘンゼルとグレーテル
塔の上のラプンツェル
ももたろう
ブレーメンの音楽隊
おやゆび姫
黄金の鳥
はなさかじいさん
注文の多い料理店
白雪姫
星の銀貨
舌切りすずめ

ガラスの仮面
長靴をはいたネコ
魔女の宅急便
キン肉マン
ジャックと豆の木
蜘蛛の糸
羅生門
細雪
走れメロス
しろばんば
さるかに合戦
ツルの恩返し

わらしべ長者
三匹の子ブタ
かさじぞう
浦島太郎
雪の女王
くじらのおじいさん
おむすびころりん
猫の恩返し
こぶとりじいさん
はちかつぎ姫
金太郎
ぶんぶくちゃがま

一寸法師
かちかち山
かぐや姫
やまなし
赤ずきんちゃん
へっこきよめさん
三まいのおふだ
ねむり姫
ハーメルンの笛吹き男
マッチ売りの少女
ニルスのふしぎな旅
もみの木

人魚姫
みにくいあひるの子
赤いくつ
ヘレンケラー
キュリー夫人
ナイチンゲール
おやゆびこぞう
家なき子
かちかち山
オズの魔法使い
眠る森のお姫さま
風の又三郎

目標時間

ふたりのロッテ
はてしない物語
くまのプーさん
モモ
長くつ下のピッピ
宝島
冒険者たち
秘密の花園
ライオンと魔女
思い出のマーニー
ドリトル先生航海記
西遊記

星の王子さま
飛ぶ教室
ベートーヴェン
トム・ソーヤーの冒険
レ・ミゼラブル
ピーター・パン
坊ちゃん
ドン・キホーテ
くまのパディントン
あしながおじさん
若草物語
絵のない絵本

秘密の花園
大草原の小さな家
ガリヴァー旅行記
ロビンソン・クルーソー
鏡の国のアリス
天気の子
ぼくらの七日間戦争
銀河鉄道の夜
赤毛のアン
毎日かあさん
なぜ僕らは働くのか
こども六法

きんぎょがにげた
ぐりとぐら
バーバパパ
君たちはどう生きるか
嫌われる勇気
からすのパンやさん
はらぺこあおむし
おおきなかぶ
14歳の君へ
ファーブル昆虫記
ハチ公物語
100万回生きたねこ

平家物語
チョコレート戦争
エルマーと16ぴきのりゅう
いやいやえん
はれときどきぶた
ハリー・ポッターと賢者の石
こびと大図鑑
くまの子ウーフ
ワンダー
窓ぎわのトットちゃん
アンデルセン童話全集
珍遊記

答えは205ページ

この問題が2秒で解けたら、たつじんレベル!!

家族や友達と本屋さんに行って、背表紙のタイトルの探し合いをすると、さらに見るスピードがアップして本を読むのが速くなるよ!

いかがでしたか？

問題3と4は、全体をながめるように見ることで、より速く答えにたどりつくことができます。

視野が狭いと、解くスピードにも限界が出てきます。この本のトレーニングでは、全体を見渡しながら、答えを細かく探る意識を持つことが大切です。

物語文を読む前に

赤ずきんちゃんのおばあさんの家は、どんな家でしょうか。このあとの物語文をくり返し速く読みながら答えを探しましょう（場所や見ばえなど）。

解答例は74ページ

物語文

前のページに書いてある問いを頭のかたすみに置きながら、次の物語文を高速で読みましょう。

読むのにどれくらいかかるか時間をはかってみよう！

目標時間

むかしむかし、あるところに、かわいい女の子がいました。おばあさんは、その女の子に赤いずきんをつくってあげました。以来その女の子は、「赤ずきんちゃん」と呼ばれるようになりました。

ある日、お母さんは赤ずきんちゃんにおつかいを頼みました。

「このお菓子とぶどう酒をおばあちゃんのところへ持って行ってちょうだい。きっと病気が良くなるでしょう。途中で知らない横道へ入ったらいけませんよ」

「そんなことしないわ」

と、赤ずきんちゃんはお母さんと指きりをし、家を出ました。おばあさんの家がある森を歩いていると、オオカミがひょっこり出てきました。

「赤ずきんちゃん、こんなに朝早くどこに行くの」

「おばあちゃんのところへ行くの。森の奥の、大きなかしの木が三本立っているお家よ」

オオカミは「この小むすめはうまそうだ。ばあさんと両方一緒に食ってやる」

とたくらむと、赤ずきんちゃんと並んで歩き始めました。

「赤ずきんちゃん、花がたくさん咲いているよ。小鳥の歌声もきれいだね。森の中を楽しもうよ」

オオカミにそう言われた赤ずきんちゃんは「そうだ、きれいな花束をつくっておばあちゃんに持っていってあげよう」と思いつくと、ついつい横道に入ってしまいま

した。きれいな花を探しながら森の奥へどんどん進みます。オオカミはしめしめと笑い、おばあさんの家へ出かけていきました。

オオカミはおばあさんの家の戸をたたき、

「おばあちゃん、赤ずきんよ。開けてちょうだい」

と言いました。

「動けないから、入っておいで」

オオカミは中に入りました。そして、おばあさんの寝ているベッドへ行くと、あんぐりと大きな口を開けて、ひと口で飲み込んでしまったのです。それからオオカミはおばあさんの寝巻きを着て、ずきんをかぶって、ベッドに寝てカーテンを引きました。

花をたくさんつんだ赤ずきんちゃんは、おばあさ

んの家へ着きました。「おばあちゃん」と呼びましたが、返事はありません。

中に入り、ベッドのカーテンをそっと開けるとおばあさんが横になっていました。ずきんをすっぽり目まで下げて、いつもとちがって見えます。

「おばあちゃん、なぜそんなに耳が大きいの？」

「おまえの声がよく聞こえるようにさ」

「おばあちゃん、どうしてそんなに目が大きいの？」

「おまえの顔がよく見えるようにさ」

「おばあちゃん、どうしてそんなに手が大きいの？」

「おまえをしっかりつかめるようにさ」

「お口はなんて大きくておそろしいのかしら」

「それはね、おまえを食べるためさ」

そう言うとオオカミは、赤ずきんちゃんも一口で飲み込んでしまったのです。まんぷくになると、オオカミはぐっすり眠り込んでしまいました。

そこへ通りかかった猟師が、おばあさんの家の様子を変に思い、中へ入ってきました。そして大きなおなかのオオカミを見ておばあさんが食べられたと気づき、あわてておなかをハサミでじょきじょき切りました。

こうして赤ずきんちゃんもおばあさんも無事でした。赤ずきんちゃんが大きな石をオオカミのおなかいっぱいに詰め込むと、目がさめたオオカミは石の重みでへたばってしまいました。

赤ずきんちゃんは、「もう二度と、森の中で横道に入ったりしないわ。お母さんと約束したものね」と心の中でちかいました。

ヤコブ・グリム、ウイルヘルム・グリム著、楠山正雄訳

『赤ずきんちゃん』(『森の小人：グリム童話名作集』小峰書店)改変

〈65ページの解答らん〉

読むのにかかった時間を書こう！

※3回にかぎらず、くり返し速く読もう！

1回目　分　秒

2回目　分　秒

3回目　分　秒

子どもレベル	2分40秒
大人レベル	1分20秒
すごいレベル	26秒
たつじんレベル	11秒

※参考(プロレベル)

65ページの解答例

- おばあさんの家は森の奥にある
- 家には、大きなかしの木が三本立っている
- 家の中にはベッドがある

『雪の女王』のときと同じく、問題の答えを探す見方で物語を見てもらいました。

このあともう一度物語を読むときは、ぜひふ

だん通りに読んでみてください。問題と関わりのない内容を見たときに、どのくらい「あ、この文章は見たことがある」となるでしょうか。

おそらく想像以上に、「見たことがある」と感じると思います。この感覚があるのとないのとでは、大ちがい。物語文の中に「見たことがある」と感じるところが多ければ多いほど、二回目以降もラクに読めますし、書いてある内容もすんなり覚えられます。

では、もう一度物語文を読んでみましょう。読む速さはどうなっているでしょうか？

認定書
おめでとうございます!!
あなたは
「一瞬で読み取る」
能力を手に入れました！
レベルアップ
読むスピードアップ！
ガッ！

ステージ
3

「高速で読む力」がアップするトレーニング

トレーニングの流れとポイント

1 まず問題を「一秒でも速く解く」ことを心がけよう

2「物語文を読む前に」にある問いを思いうかべながら、物語文を「一秒でも速く」読もう

レベル：★☆☆☆☆

それぞれのたての列とよこの列にメロス（図）は何人いるでしょう。時間内に見つけて書きましょう。

					2人
					□人
					□人
					□人
					□人
					□人
3人	□人	□人	□人	□人	

左ページの「解き方のポイント」も見よう！

答えは206ページ

目標時間

解き方のポイント

よこの列は視線(しせん)を左から右に、たての列は視線(しせん)を上から下に動かしながら、幅広(はばひろ)く、リズムよく見ていくのがポイントだよ！

					□人
					□人
					□人
					□人
					□人
					□人
□人	□人	□人	□人	□人	

答えは206ページ

レベル：★★★☆☆

次の文字の中に、「メロス」が12人かくれています（うち2人はしるしをつけています）。どこにいるでしょうか？
たて・よこ・ななめ、反対から読んでもOKです。

目標時間

メ	ス	メ	ロ	ス	オ	ス	メ
ス	メ	メ	ロ	ペ	ス	メ	ス
ロ	ス	オ	メ	ロ	ロ	ン	ジ
ュ	ー	ス	ス	ル	メ	ス	ス
ト	メ	ス	オ	ス	ペ	レ	ス
ア	レ	ロ	メ	ロ	レ	ミ	オ
ロ	メ	ン	ス	ス	ロ	メ	ロ

答えは206ページ

一度に全部を見るのがむずかしければ、2行ずつ見ると答えが見つかりやすくなるよ。他の言葉に惑わされないよう注意しながら高速で見つけよう!

メ	ロ	メ	ロ	メ	ロ	ス	メ
ス	メ	ロ	ロ	ロ	メ	ス	ロ
ス	メ	ロ	メ	ロ	メ	ロ	メ
ロ	ス	ロ	ス	ス	ロ	メ	ロ
ロ	ス	ロ	ス	ス	メ	ス	ス
メ	ス	メ	ス	ス	ス	メ	ロ
ス	ス	メ	ロ	メ	メ	ロ	ス

答えは206ページ

レベル：★★☆☆☆

A～Dのどの道を通れば、メロスは友人を助けられるでしょうか。人生で一番速く見つけよう！

A
B
C
D

左ページの「解き方のポイント」も見よう！

目標時間

解き方のポイント

最初は線をなぞらずに答えてみよう！
それで友人を助け出すことができれば、
「速く見る力」がかなり上がってきている証拠（しょうこ）だよ。

川で行き止まり

と中でたおれる

ガシッ

友人を助けた

グ

バターンッ!!

お腹がすいてたおれた

答えは206ページ

かいせつ

高速で見るトレーニング、いかがでしたか？80〜81ページの問題でなかなか答えが見つからなかった人は、次のメニュー表ならどうでしょう。

「かに玉」はどこにあるか、30秒以内に探(さが)してみよう！

●前菜・サラダ
キムチ……480円
ピータン……600円
野菜サラダ……580円
棒棒鶏サラダ……660円
クラゲの冷製サラダ……600円

●一品料理
八宝菜……900円
空芯菜炒め……900円
エビのチリソース……970円
エビのマヨネーズあえ……970円
ニラレバ炒め……860円
鶏の唐揚げ……540円
鶏肉とナッツ炒め……650円
麻婆豆腐……860円
かに玉……860円
春巻き（3本）……560円

●麺類
しょうゆラーメン……580円
みそラーメン……600円
五目ラーメン……650円
チャーシューメン……600円
焼きそば……580円

●ご飯類
五目チャーハン……600円
キムチチャーハン……650円
ニンニクチャーハン……650円
中華粥……650円
天津飯……700円
ライス……100円

●点心
焼きギョーザ（5個）……440円
揚げギョーザ（5個）……440円
水ギョーザ（5個）……440円
小籠包（3個）……500円

●デザート
杏仁豆腐……440円
ゴマ団子（2個）……440円
マンゴープリン……440円
アイスクリーム……440円

●飲み物
生ビール……500円
瓶ビール……550円
紹興酒（一合）……500円
日本酒（一合）……360円
ワイン（グラス）……360円
烏龍茶……300円
オレンジジュース……300円

正解は、左列の下から8行目です。

ふだんから文字を速く見つける練習をしておくと、国語のテストなどでもすばやく答えを見つけられるようになります。新聞やウェブニュースでも試してみましょう。

時間のあるときにコツコツ続けて練習するのが、上達（じょうたつ）のポイントです。

物語文を読む前に

88ページからの『走れメロス』を読むと、
「王様にあんなに歯向かって大丈夫なの？」
「友人に約束もせず人質になってもらっていいの？」
など、いろいろ気になる点が出てきます。あなたはどう感じるでしょうか？　うたがいの目を持って、この後の物語を読んでみよう！

解答例は98ページ

物語文を読んでいると、「文章が長い」と感じる人もいると思います。そういう人は、「暴君」という文字が何回出てくるか探しながら、まずは最後まで文章を読み切ることを目標にしましょう。

最初は楽しいと思えなくても、気になる言葉や自分の好きな言葉を見つけようとすると、読むスピードはどんどん上がります。よくわからない部分があっても途中で考え込まず、最初から最後まで見終えることを心がけましょう。

物語文

前のページに書いてある問いを頭のかたすみに置きながら、次の物語文を高速で読みましょう。

読むのに
どれくらいかかるか
時間を
はかってみよう！

目標時間

結婚する妹に花嫁衣裳や＊祝宴のごちそうなどを買うため、メロスは遠い街にやってきた。ここは親友セリヌンティウスが住んでいる街だ。

しばらく歩いていると、メロスは街の様子がおかしいことに気づいた。街全体がひっそりしている。道行く老人に何かあったのか尋ねてもなかなか答えない。語気を強め、両手で体をゆすぶり質問を重ねると、老人はついに低い声で答えた。

「この街の王様は人を殺します。人を信ずることができぬというのです。今日は六人殺されました」

「あきれた王だ」メロスは激怒した。

悪に対して人一倍敏感であったメロスは、のそのそと王城に入っていった。しかしすぐさま守衛に捕えられ、王の前につき出された。

「この短刀で何をするつもりだったのか、言え！」

＊暴君ディオニスは、メロスの＊懐に入っていた短刀を見つけ、眉間にしわを刻みながら問いつめた。

＊祝宴とはお祝いパーティーのこと。暴君とは、人を苦しめるような王様などのこと。懐とは、服の胸あたりの内側の部分を指すよ。

「この街をあなたのような暴君の手から救うのだ」
「はりつけの刑だ。泣いたって聞かぬぞ」
「私は命ごいなど決してしない。ただ、三日間の猶予がほしい。妹に結婚式を挙げさせ、必ずここへ帰ってくる。私の友人を人質として置いていく。三日目の日暮れまでに戻ってこなかったら、彼をしめ殺してくれ」

深夜、セリヌンティウスが王城に呼ばれた。メロスの頼みに無言でうなずき、友をひしと抱きしめる。セリヌンティウスが縄でしばられると、メロスはすぐに出発した。

ひたすら走り、遠く離れた村へ帰り着いたのは翌日の午前だった。急いで準備を進め、翌日の昼に結婚式を開き、妹の晴れ姿を見ることができた。

夜になると大雨が降ったが、宴はまだ続いている。

メロスは参列者に礼を言い、妹夫婦に祝いの言葉を述べ、明日にそなえて先に寝ることにした。

翌日、薄明かりの頃に目が覚めた。約束の日暮れまでに十分間に合う。人間の*信実をあの暴君に見せてやろう。そして笑ってはりつけ台にのぼってやる。メロスは雨の中を矢のごとく走り出た。

残り半分ほどの地点に到達したところで、メロスの足は止まった。昨日の大雨で川が*はんらんし、濁流で橋が破壊され

*信実とはうそがなく誠実なこと、はんらんとは、川の水が増えて洪水などになることだよ。

ていたのだ。今こそ愛と誠の偉大な力を発揮してみせよう。メロスは濁流に飛び込み、満身の力を腕に込め、対岸の木に見事すがりついた。

すぐにまた先を急いだ。陽はすでに西にかたむきかけている。荒い呼吸で峠を上りきると、山賊たちが躍り出てきた。メロスはひるまず、一人からこん棒を奪い取ると、「許せ、正義のためだ！」と山賊をなぐりたおした。そして猛烈な速さで再び走り出し、一気に峠を下っていった。

峠を下りた頃、メロスは疲れきっていた。午後の灼熱の

太陽に照らされ、めまいを感じる。ついにひざを折り、立ち上がれなくなってしまった。

ああ、濁流を泳ぎ切り、山賊を打ちたおし、ここまで突破してきたメロスよ。ここで疲れきって動けなくなるとは情けない。メロスはくやし泣きした。もうどうでもいいなどという、勇者に不似合いなふてくされた気持ちがわいてくる。私はこれほど努力したのだ。約束を破る心はみじんもなかった。できることなら胸をたち割って、愛と信実の血液だけで動いている私の真紅の心臓を見せてやりたい。

そのとき、ふと水の流れる音が聞こえた。起き上がって見ると、岩のさけ目から清水がわき出ている。一口飲むと、夢から覚めた気がした。

歩ける。肉体の疲労が回復し、わずかに希望が生まれた。日没まではまだ間がある。私を待っている人がいるのだ。私の命なんて問題ではない。私は信頼に報いなければならぬ。走れ！　メロス。

メロスは最後の力を尽くして、再び走り出した。まさにわずかな陽の残光さえも消えようとしたそのとき、メロスは疾風のごとく刑場に突入した。

「私だ、メロスだ。彼を人質にした男はここにいる！」と精一杯叫びながらはりつけ台にのぼり、つり上げられてゆく友の両足に飛びついた。

縄は無事にほどかれた。

メロスは目に涙を浮かべながら友の名を呼んだ。

「私を力いっぱいなぐれ。途中で悪い夢を見た。なぐってくれなかったら、君と抱き合う資格はないのだ」

セリヌンティウスは、すべてを察した様子でうなずき、友の右頬をなぐった。そしてほほえみ、

「メロス、私の頬もなぐれ。この三日の間、一度だけ君を疑った。なぐってくれなければ、私は君と抱き合えない」

メロスはセリヌンティウスの頬をなぐった。

「ありがとう、友よ」

二人は抱き合うと、声を放って泣いた。暴君ディオニスは二人に近づき、顔を赤らめて言った。

「信実とは、決して空虚な妄想ではなかった。どうか仲間にしてほしい」

どっと群衆の間に歓声が起こった。一人の少女が、赤いマントをメロスに捧げた。メロスはまごついた。よき友は気をきかせて教えてやった。

「メロス、君は、まっぱだかじゃないか。早くそ

のマントを着るがいい」
勇者は、ひどく赤面した。

太宰治『走れメロス』（『太宰治全集3』筑摩書房）改変

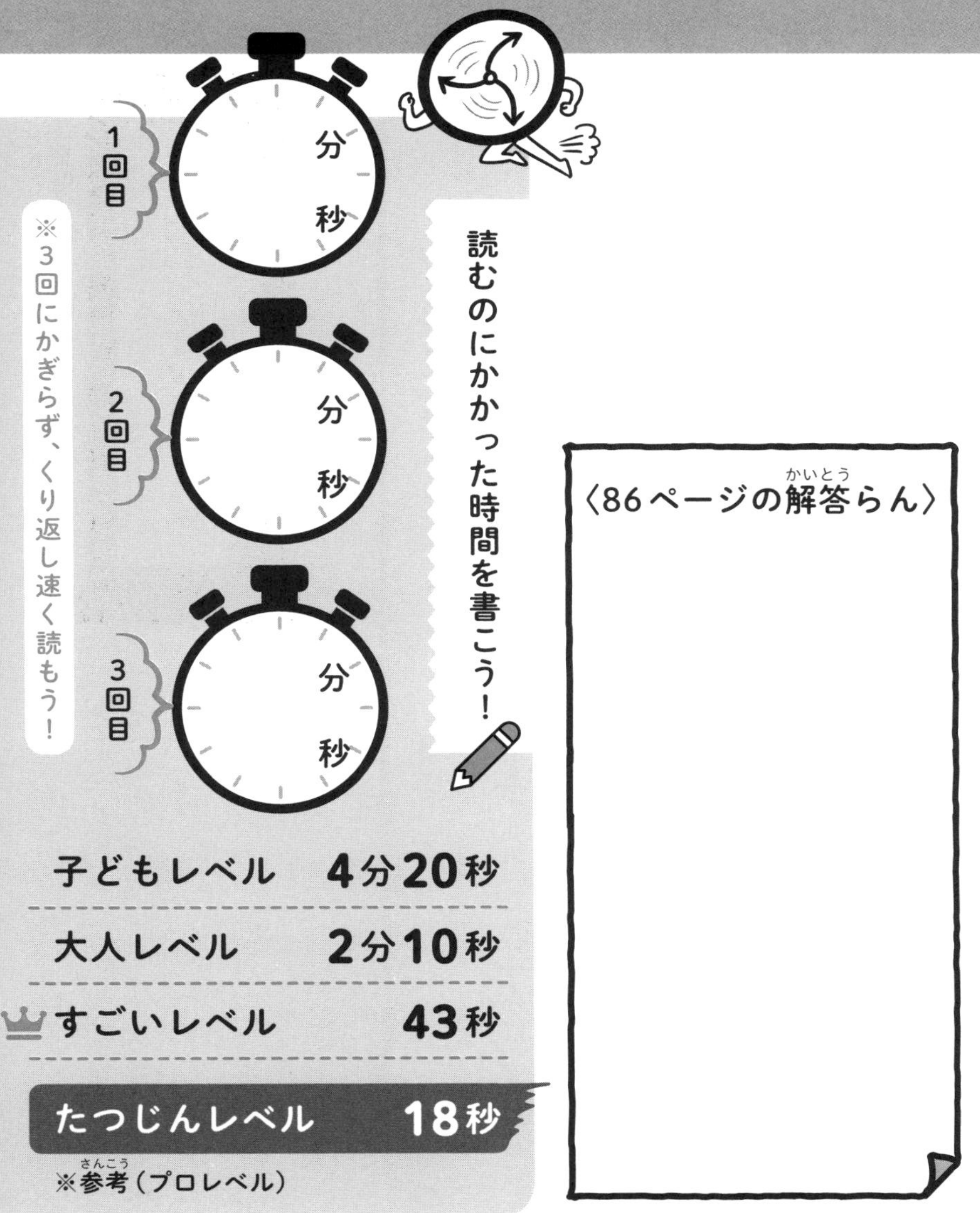

なかなか答えたがらない老人を両手でゆさぶって、力づくで答えを引き出そうとするのはよくない。
しかもメロスは「王様は人を殺します」と聞いただけで、なぜ人が処刑されるのか聞きもせず怒っている。
そして、短刀を持って王様を殺しに行く。これって本当に正義なのだろうか？

など

書かれている文章に対して「本当にそうなの？」と、疑問を持って読む方法を「クリティカルリーディング」といいます。86ページの問題は、この読み方を体感してもらいたくて出題しました。

疑問があるとそれがアンテナとなって、疑問に当てはまる内容をキャッチしやすくなります。これは、速く読んでも変わりません。

客観的な見方も身につき、様々な理解も得られるので、ぜひ試してみてください。

では、もう一度物語文を読んでみましょう。読む速さはどうなっているでしょうか？

おめでとうございます!!

あなたは

「高速で読む力がアップする」

能力を手に入れました！

ステージ 4

「イメージ力」がアップするトレーニング

トレーニングの流れとポイント

1 まず問題を「一秒でも速く解く」ことを心がけよう

2「物語文を読む前に」にある問いを思いうかべながら、物語文を「一秒でも速く」読もう

レベル：★★★★☆

1

イラストと番号を目標時間内に覚えて、104～105ページの問題に答えましょう。

4

1

3

5

2

目標時間

絵と数字を一緒に覚える練習をくり返し行うと、文字を見てイメージが思い浮かびやすくなって、理解力がアップするよ！

9

6

8

10

7

レベル：☆☆☆☆☆

問題 2

102～103ページには、どんなイラストが描かれていたでしょうか。できるだけ前のページは見ずに、文字で書いてみましょう。

左ページの「解き方のポイント」も見よう！

目標時間

1 カニ

2

3

4

5

答えは206ページ

解き方のポイント

思い出せなくても大丈夫。〝必死になって〟思い出すのがこのトレーニングのポイントだよ。
数字はズレてもいいから、思い出す努力をしよう！

9

6

8

10 タコ

7

答えは206ページ

かいせつ

2問目は、何個くらい正解できたでしょうか。

このトレーニングの目的は、「イメージ力をアップさせること」です。イメージ力とは、文字を見て場面を思い浮かべる力のこと。

読書のときは、文字を見てその場面のイメージを思い浮かべる練習をすると、読んだ内容が記憶に残りやすくなります。次の物語はそのあたりを意識して読んでみましょう。

例「国境の長いトンネルを抜けると雪国であった。夜の底が白くなった。信号所に汽車が止まった。向側の座席から娘が立って来て、島村の前のガラス窓を落とした」

▼

単語ごとに場面をイメージしてみる

▼

川端康成『雪国』(新潮文庫)より引用

物語文を読む前に

このあと、『浦島太郎』の物語が2つのっていますが、なにかがちがいます。それはどこでしょうか？　次の中からひとつだけえらびましょう。

1　乙姫と浦島太郎は出会ったその日に結婚した

2　片方の話では、亀は助けられていない

3　ひとつ目の話のほうが、浦島太郎が帰るのが早かった

4　結末（物語のおわり方）

このあとの文章を読みながら探してみよう！

解答例は124ページ

物語文

前のページに書いてある問いを頭のかたすみに置きながら、次の物語文を高速で読みましょう。

読むのに
どれくらいかかるか
時間を
はかってみよう！

目標時間

7分

むかし、浦島太郎という若い男がいました。毎日漁をして父と母をやしなっていました。ある日釣りをしていると、亀を一匹釣り上げました。

「鶴は千年、亀は万年といって、おまえは本来長寿の生き物なのに、ここで命を奪われるのは気の毒だ」

と言って、浦島は海に亀を帰しました。

数日後、また同じ場所で釣りをしていると、美しい女が一人で小舟に乗っています。浦島がたずねると、女は*懇願しました。

「どうか祖国に連れていってくれませんか」

浦島は、その舟に自分も乗って女の祖国へとこぎ出しました。

十日ほどたってようやく到着すると、浦島は女の家を見ておどろきました。金の瓦屋根や銀の堀などのある美しい御殿だったのです。

「ここは竜宮城です。これも何かのご縁です。どうか私と夫婦となって、ともに暮らしてください」

浦島は「よろこんで夫婦になりましょう」と受け入れ、仲むつまじく幸せに暮らしました。

三年がたち、浦島は残してきた親のことが気がかりで、妻に「三十日の休みがほしい」と願い出まし

懇願とは、ひたすらお願いすること。

転覆とは、船などがひっくり返ることだよ。

た。妻は悲しそうに涙を流しながら言いました。

「今別れたら、次はいつ会えるかわかりません。わたしはあなたに救われた亀です。恩返しをすべく、夫婦になってそばでお仕えしたのです」

妻は正体を明かすと「これはわたしの形見と思って受け取ってください。決して開けてはいけませんよ」と言って、美しい箱を浦島に渡しました。

浦島は故郷へ帰ってきました。しかし土地は荒れ、変わり果てています。何事かと思い近くの家を訪ねると、おじいさんが出てきました。

「浦島という者の行方を知りませんか」と聞くと、

「浦島という人がここに住んでいたのは、もう七百年も前のことだと聞いています」と答えました。

それを聞いた浦島は仰天し、これまで起こったことをおじいさんに話しました。するとおじいさんは同情して涙を流し、向こうを指差して言いました。

「あそこに見える石塔が、その浦島の墓だと伝え聞いています」

浦島は墓にたどり着くと、その場で泣き崩れました。そのうち、妻がくれた形見の箱を思い出しました。開けてはいけないと言われましたが、これ以上の絶望はないだろうと、浦島はふたを開けました。

中から雲が立ちのぼり、浦島の姿がみるみる変わり、鶴になりました。この三年、浦島がとっていたはずの年齢を、亀が箱の中に封じ込めていたのです。

鶴になった浦島は蓬莱山の方へ飛んでいき、妻も亀の姿になって同じ山に向かい、幸せに暮らしました。

『浦嶋太郎』(『御伽草子』岩波書店)を現代語訳および改変

もう一つの浦島太郎、はじまりはじまり〜

むかし、浦島太郎という若い漁師がいました。釣ざおをかついで舟に乗っては海に出て魚を釣り、父と母をやしなっていました。

ある日、海辺で子どもたちが集まって、小さい亀の子をいじめているのを見かけました。

「こらこら、そんなかわいそうなことをするな」

浦島は子どもたちから亀を助けてあげました。亀はうれしそうに海に帰っていきました。

それから数日後、浦島はいつものように舟に乗って海へ釣りに出かけました。

すると「浦島さん、浦島さん」と呼ぶ声が聞こえます。一匹の亀が舟のそばで泳いでいました。

「先日、あなたに助けていただいた亀です。お礼にまいりました」

浦島はおどろきました。亀は言いました。

「竜宮をごらんになったことがありますか」

「いや、聞いたことはあるが見たことはないよ」

「ではほんのお礼のしるしに、わたくしが竜宮を見せてあげましょう。背中にお乗りください」

浦島は言われるままに亀の背中に乗りました。白い波を切ってどんどん泳いでいくと、青い海の底へとたどり着きました。向こうにきらきら光る金銀の御殿が高くそびえているのが見えます。

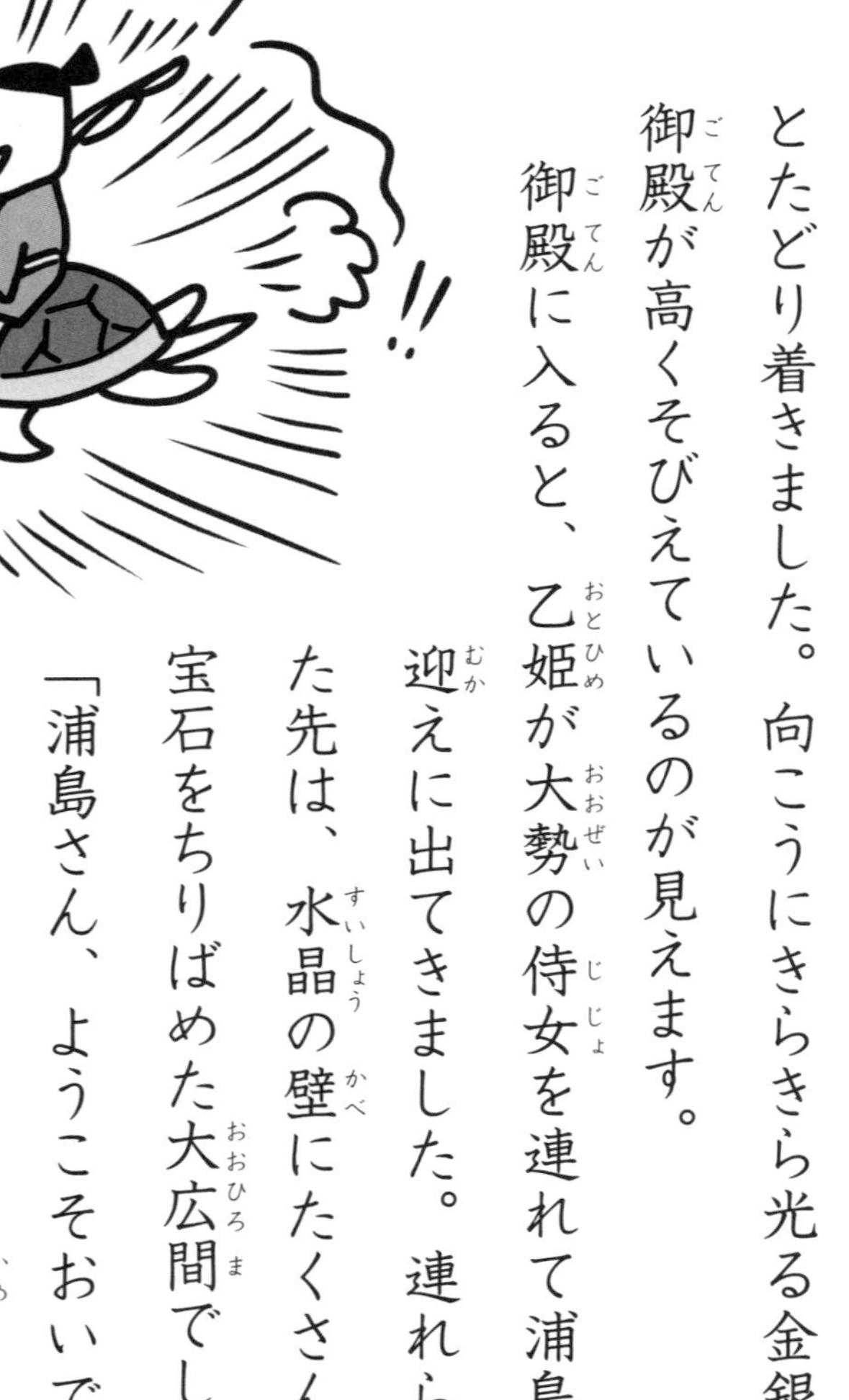

御殿に入ると、乙姫が大勢の侍女を連れて浦島を迎えに出てきました。連れられた先は、水晶の壁にたくさんの宝石をちりばめた大広間でした。

「浦島さん、ようこそおいでくださいました。先日は亀を助けてくださり、まことにありがとうございます。どうぞゆっくりお遊びくださいまし」

乙姫はていねいにおじぎをしました。

やがてごちそうが山のように運ばれてきて、にぎやかな酒盛りが始まりました。美しい侍女たちは歌や踊りで浦島をもてなしてくれました。

そのうちお酒に酔ったようにぼうっとなり、夢を見ているような気分になりました。

竜宮のあまりの楽しさに、うかうか遊んで暮らすうちに、三年の月日がたちました。

この頃、浦島はふるさとの夢をよく見るようになりました。「父と母はどうしているだろう」と思い出し、早くうちへ帰りたいと願うようになりました。

その様子を見た乙姫が「浦島さん、ご気分でも悪いのですか」と心配すると、浦島は「実はうちへ帰りたくなってきました」と答えました。

家に帰らなければずっと夢のような生活を送れたのにね……やっぱり家が一番なのかな？

乙姫は残念な様子でしたが、美しい宝石で飾った箱を持ってきてさし出しました。

「これは玉手箱といって、中には人間の一番大事な宝が入っています。どうぞお持ち帰りくださいまし。ですが、竜宮へ戻ってきたいなら、どんなことがあってもこの箱を開けてはいけませんよ」

浦島は「決して開けません」と言ってそれを受け取りました。そして再び亀の背中に乗せてもらうと、間もなく元の浜辺に到着しました。

亀と別れると、浦島はふるさとの浜辺をながめました。しかしよく見ると様子が変わっていて、見知らぬ顔ばかりです。

「たった三年の間にみんなどこかへ行ってしまうはずはない。とにかくうちへ帰ろう」

ところが、そこには家の影も形もなく、跡さえも残ってはいませんでした。

するとそこへ、おばあさんが歩いてきました。

「おばあさん。浦島太郎の家をご存知ですか」

とたずねると、おばあさんは言いました。

「浦島太郎？　聞いたことがありませんよ」

「たしかにこのへんに住んでいたのです」

おばあさんは、やがて膝をたたき、

「そうそう、それは三百年も前の人ですよ。わたしが子どものとき聞いた話では、むかし、浦島太郎という人がいたが、舟で釣りに出たまま帰ってこなくなったと。たぶん竜宮へでも行ったのでしょう。なにしろ大昔の話ですからね」

こう言っておばあさんは去っていきました。浦島はびっくりしてしまいました。

「三百年とはおかしい。竜宮の三年は人間の三百年にあたるのか。それでは家もなくなるはずだし、お父さんやお母さんがいないのもふしぎはない」

浦島は急に悲しくなって目の前が真っ暗になり、竜宮が恋しくなってきました。再び浜辺へ出てみましたが、亀ももう出てきませんし、竜宮へわたる手だてもありません。

浦島は玉手箱のことを思い出しました。

「この箱を開けたら、何かわかるかもしれない」

浦島は乙姫(おとひめ)に言われたことを忘れて、箱のふたを取りました。すると、むらさき色の雲がもくもくと立ちのぼり、顔にかかったかと思うと消え、箱の中には何も残っていませんでした。顔も手も足もしわしわになり、水に映(うつ)る自分を見ると、髪(かみ)もひげも真っ白なおじいさんになっていました。

「乙姫(おとひめ)さまが人間の一番大事な宝を入れておくと言っていたのは、人間の寿(じゅ)命(みょう)だったのだな」

浦島は空になった箱の中をのぞいて残念そうにつぶやきました。

楠山正雄『浦島太郎』（『むかしむかしあるところに』童話屋）改変

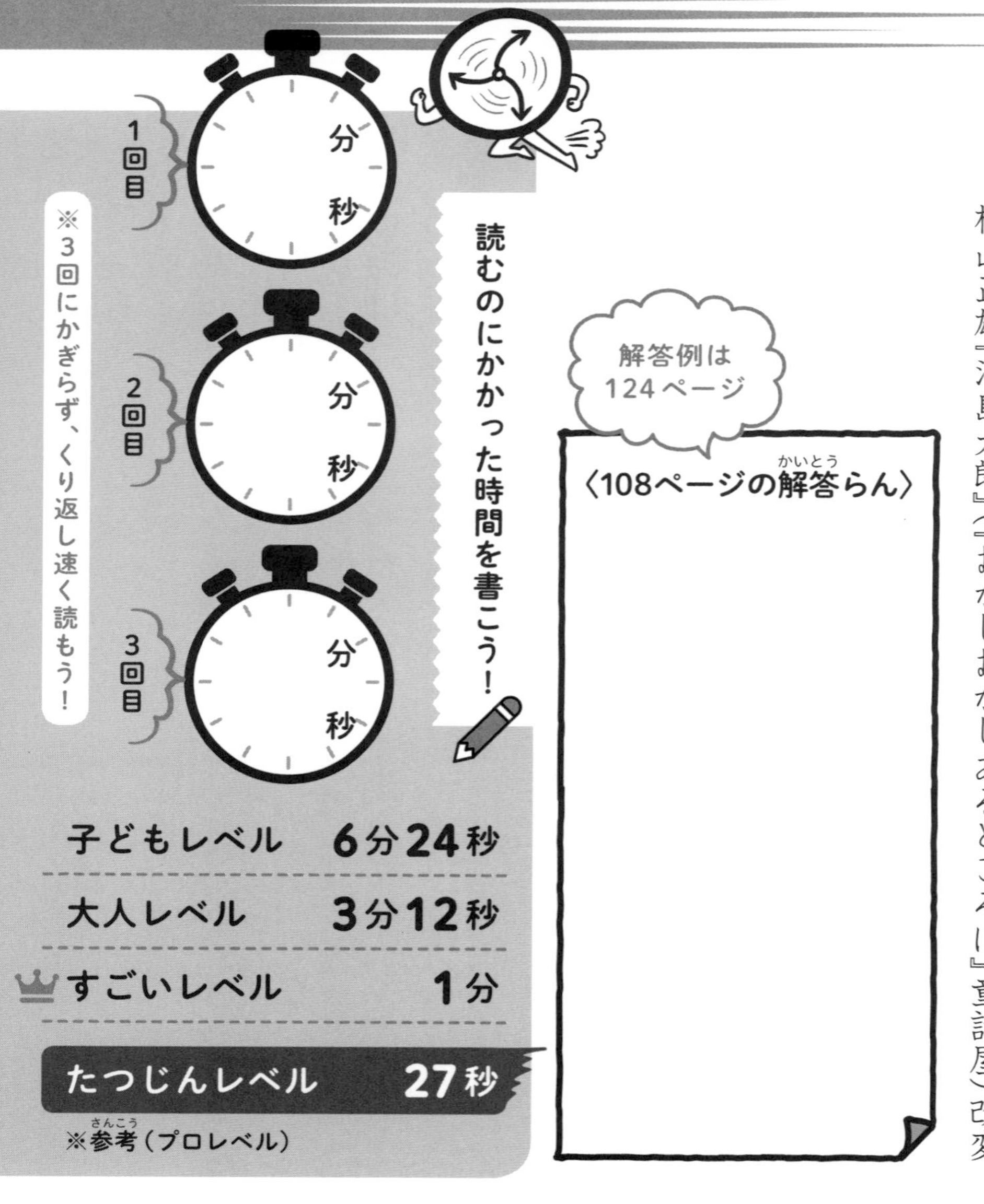

ステージ1の「まちがいさがし」のイラストを、文字に変えた問題を解いてもらいました。文章を見るとき、まちがいを探す視点に変えると、文章全体を自然と速く見るようになります。また内容全体をイメージすることで、物語の全体像も速くつかめます。するとくり返し読んだときに、より細かい部分に目を向ける余裕が生まれ、ふつうに読むより深く読み込めます。そして、内容も忘れにくくなるのです。

まちがいさがし以外にも、新聞やインターネットで同じテーマの記事を見比べるのも練習になります。

4

最初の『浦島太郎』の結末は、浦島太郎が「鶴」に変身していますが、もう一つの『浦島太郎』では「髪もひげも真っ白なおじいさん」に変身しているよ。

レベル：★★★☆☆

問題 3

イラストと記号を5秒間ながめたら、次のページの文字の隣(となり)に、当てはまる記号を書き込みましょう。

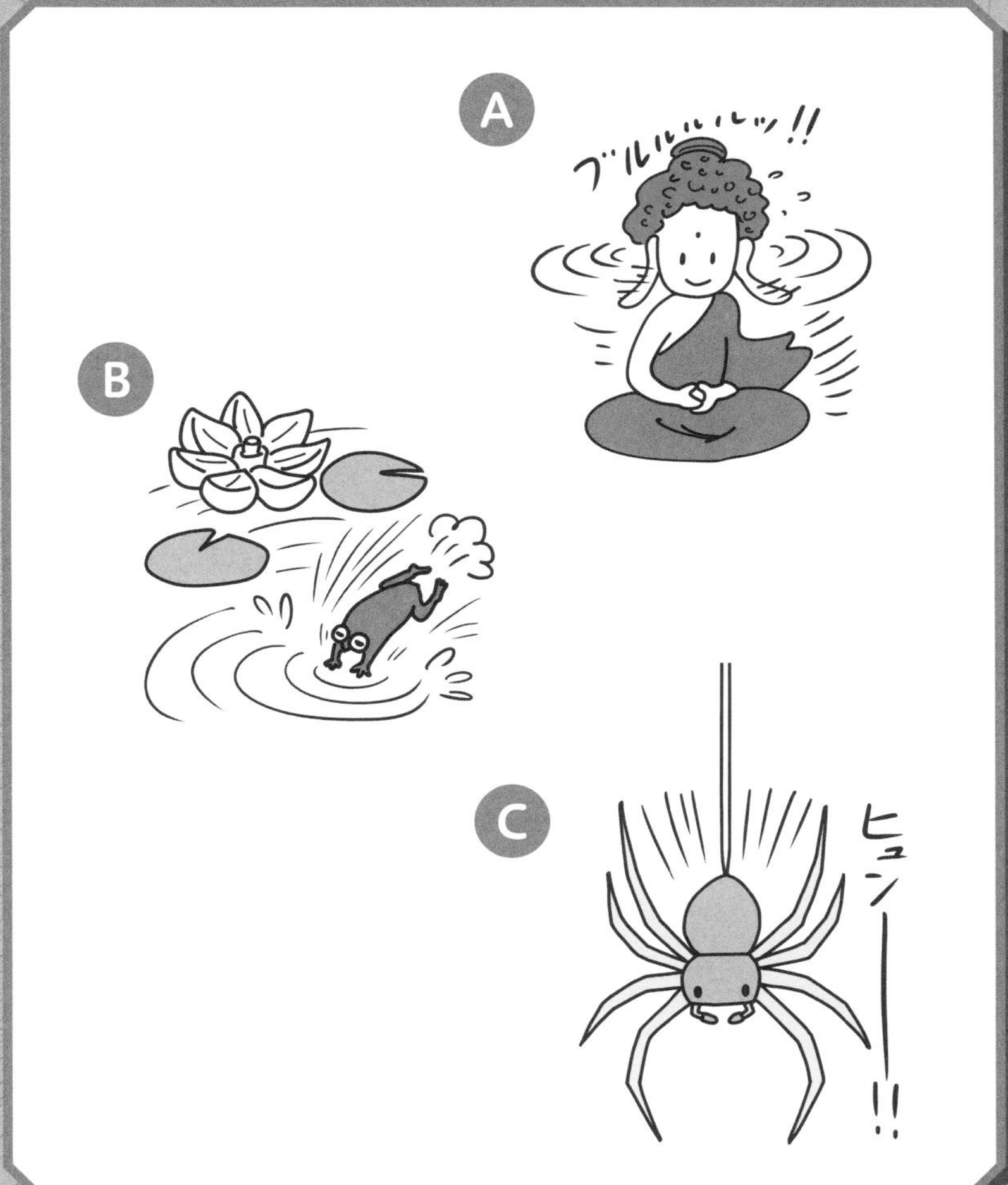

A

ブルルルルルッ!!

B

C

ヒュンー!!

次ページの「解き方のポイント」も見よう！

目標時間

解き方のポイント

なかなか覚えられない人は、目をカメラのレンズだと思ってみよう。カメラのレンズは、写すものを一つひとつつぶさには見ないよね？ 景色全体を見ることに、上達のヒントがあるよ！

□クモ

□お釈迦様

□はすの花

答えは125ページ

レベル：★★★☆☆

問題 4

イラストと記号を5秒間ながめたら、次のページの文字の隣（となり）に、当てはまる記号を書き込みましょう。

目標時間

2 3

1

4

この問題のように絵や文字をパッと見た後、どこに何が書いてあったかすぐわかるようになると、読むスピードはぐんとアップするよ！

□トラ

□両親

□こわい鬼

□お金

答えは127ページ

短時間でイラストや文字を覚えるコツは、問題全体を見渡すことです。「Aがお釈迦様でBが蓮の花で……」と、一字一句頭の中で覚えようとすると、かえって忘れてしまいます。

ページ全体を見ながら「右上にお釈迦様が、右下に蜘蛛が描かれていた」といった感じで、どこに何があったかを思い出していくと、イメージで覚える力がアップします。

目標時間内に解けなかった人も、時間を置いてチャレンジしてみてください。

物語文を読む前に

このあとの物語文に出てくるカンダタは、どうすれば天国に行けたと思いますか？

想像でかまいませんので、物語文をくり返し速く読みながら考えてみましょう。

解答例は142ページ

物語文

前のページに書いてある問いを頭のかたすみに置きながら、次の物語文を高速で読みましょう。

読むのに
どれくらいかかるか
時間を
はかってみよう！

目標時間

　ある日のことです。お釈迦様は極楽の蓮池のふちを一人でぶらぶらと歩いていました。池の中に咲いている蓮の花はどれも玉のように真っ白で、良い香りを絶えずあふれさせています。極楽はちょうど朝なのでしょう。

　やがてお釈迦様はその池のふちにたたずみ、水面をおおっている蓮の葉のすき間から、ふと下の様子をうかがいました。この極楽の蓮池の下は地獄に通じており、すき通った水の向こうに、*三途の河や針

＊三途の河とは、死んでから七日目に渡る川のこと。死んだ後の世界に行く途中にあるそうだよ。

の山の景色がはっきりと見えるのです。

するとその地獄の底にカンダタという男が一人、ほかの罪人と一緒にうごめいている姿が目に止まりました。この男は、人を殺したり家に火をつけたり、数々の悪事を働いてきた大泥棒ですが、たった一つだけよい行いをしたことがあります。

それは、あるときのこと。この男が林の中を通っていると、小さな蜘蛛が一匹、道をはっていくのが見えました。カンダタはその蜘蛛をふみ殺そうとしましたが、

「これも小さい

ながら命あるものにちがいない」と急に思い直して、その蜘蛛を殺さずに助けてやったのです。

お釈迦様は地獄の様子を見下ろしながら、そのときのことを思い出しました。そしてその報いに、できることならこの男を地獄から救い出してやろうと考えたのです。そばにある蓮の葉の上に極楽の蜘蛛が一匹、美しい銀色の糸をかけているのが見えました。お釈迦様はその蜘蛛の糸を手に取り、白蓮の間からはるか下の地獄の底へ、まっすぐに下ろしました。

地獄の底の血の池はまっ暗で、

たまに針山の針の光が浮き上がっています。

その上あたりはしんと静まり返って、罪人がつくかすかな＊嘆息で充満しています。ここへ落ちて来るほどの人間は、もうさまざまな地獄の＊責め苦に疲れ果てて、泣き声を出す力さえなくなっているのでしょう。さすが大泥棒のカンダタも、血の池にむせびながら、死にかかった蛙のように、ただもがいてばかりいました。

あるとき、頭を上げて血の池の空をながめると、その暗やみの中を銀色の蜘蛛の糸が一すじ細く光りながら、するすると自分の上へ垂れてく

＊嘆息とはため息のこと、責め苦とはかんたんに言うといたみつけられる苦しみのことだよ。

るではありませんか。カンダタは、思わず手をたたいてよろこびました。

この糸をのぼっていけば、きっと地獄から抜け出せるにちがいない。うまくいけば、極楽へ入ることもできるだろう。そうすれば、もう針の山へ追い上げられることも、血の池に沈められることもない。

カンダタは、早速その蜘蛛の糸を両手でしっかりとつかみながら、上へ上へとのぼり始めました。大泥棒だったので、のぼるのはお手のものです。

しかし地獄と極楽との間は果てしなく離れており、

容易に上へは出られません。しばらくのぼるうちに、とうとうカンダタもくたびれて、もう上へはのぼれなくなってしまいました。仕方がないので、糸の中途にぶら下がりながら、下を見下ろしました。

一生懸命にのぼったかいがあって、さっきまで自分がいた血の池は、やみの底にかくれるほど遠くに見える。この調子でのぼっていけば、地獄からぬけ出すのも案外わけがないかも知れない。カンダタは両手を蜘蛛の糸にからませながら笑いました。

ところがふと気がつくと、たくさんの罪人たちが、自分がのぼってきた後をつけて、まるで蟻の行列をつくりながら、上へ上へよじのぼってくるではありませんか。カンダタは、驚いたのと恐ろしいのとで、しばらく目を動かすばかりでした。

自分一人でさえ切れてしまいそうなこの細い蜘蛛の糸が、どうしてあれだけの人数の重みにたえられるだろう。もし途中で切れたら、ここまでのぼってきた自分まで元の地獄へ逆落としとなってしまう。

その間にも、罪人たちは何百、何千と、まっ暗な血の池の底からうようよとはい上がって、細く光る蜘蛛の糸をせっせとのぼってきます。

今のうちにどうにかしなければ、糸はまん中から二つに切れて、自分も落ちてしまうにちがいない。

あわてたカンダタは大きな声でわめきました。

「こら、罪人ども！　この蜘蛛の糸はおれのものだぞ。下りろ！」

するとその途端、それまでなんともなかった蜘蛛の糸が、カンダタのぶら下がっているところから、急にぷつりと音を立てて切れてしまいました。

「ああ……っ！」

カンダタはあっという間に、コマのようにくるくると回りながら、やみの底へ真っ逆さまに落ちてしまったのです。あとにはただ極楽の蜘蛛の糸が、きらきらと光りながら、月も星もない空の中途に短く垂れているのでした。

お釈迦様は極楽の蓮池のふちに立って、この一部始終をじっとながめていました。やがてカンダタが血の池の底へ石のように沈んでしまいますと、悲しそうな顔をしながら、またぶらぶら歩き始めました。自分ばかり地獄から抜け出

そうとする無慈悲な心を持つカンダタが、罰として元の地獄へ落ちてしまった。そのことが、お釈迦様の目にはなんともあさましく感じられたのでしょう。

しかし極楽の蓮池の蓮は、少しもそんなことには＊頓着せず、お釈迦様の足のまわりでゆらゆらと動き、なんともいえない良い香りを絶えずあふれさせています。極楽ももう昼を迎えるころでしょう。

1回目　分　秒

2回目　分　秒

3回目　分　秒

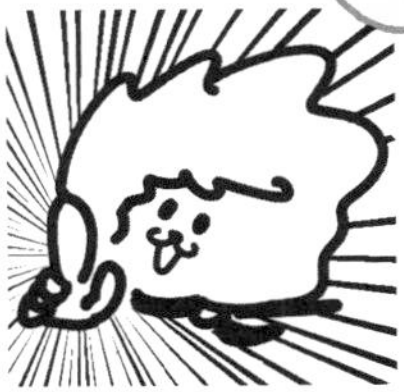

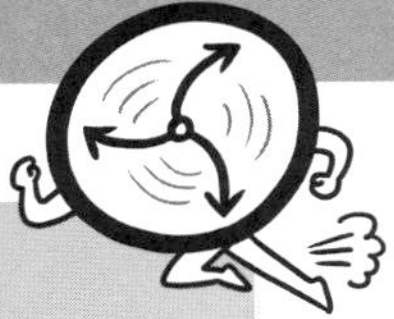

読むのにかかった時間を書こう！

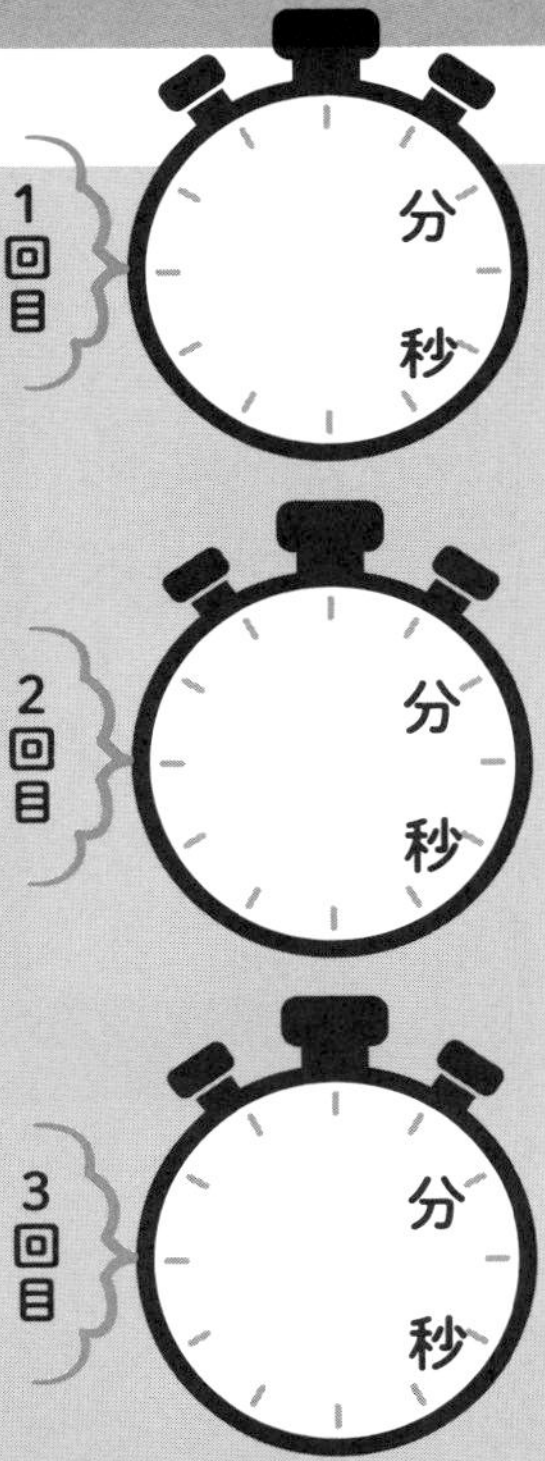

※3回にかぎらず、くり返し速く読もう！

子どもレベル	4分37秒
大人レベル	2分20秒
すごいレベル	46秒
たつじんレベル	20秒

※参考（プロレベル）

〈130ページの解答らん〉

＊頓着とは、深く気にかけてこだわることだよ。

130ページの解答例

- カンダタが登ったところよりも下に蜘蛛の糸がたれないように（後から追っ手が登って来ることができないように）、巻き上げてあげる。

- 蜘蛛をたくさん連れてきて糸を重ね、太くした糸を下ろしてあげる。

- 実はお釈迦様は大魔王で、本物のお釈迦様は蜘蛛に変えられてしまっていたのかもしれない（蜘蛛の糸一本で助からないことは簡単に想像できるので）。そのため、仲間を集めてニセのお釈迦様をたおし、本物のお釈迦様を助け出す。

など

この問題では、物語を創作することで、イメージ力を高めてもらいました。想像力を目一杯広げると、じっくり考える練習になります。さらに、作者のつもりで考えることで、物語についてより深く思考をめぐらせることができ、理解力も高まります。

速く読んでも、読み方次第でイメージ力も理解力も、両方高められるのです。

では、もう一度物語を読んでみましょう。読むスピードはどうなっているでしょうか？

おめでとうございます!!

あなたは

「イメージ力がアップする」

能力を手に入れました！

ステージ
5

「理解力(りかいりょく)」がアップするトレーニング

いよいよ最後のトレーニングです。

今まで身につけてきた力をすべて使って、物語文を少しでも速く読めるように心がけましょう！

レベル：★★☆☆☆

1

次のイラストを、物語の流れになるようならべかえましょう。

A

B

左ページの「解き方のポイント」も見よう！

目標時間

解き方のポイント

あなたが作者なら、どんな話の流れにしますか？
作者になったつもりで考えてみよう！

C

D

答えは206ページ

レベル：★★☆☆☆

問題 2

『桃太郎』の続きを描いたイラストです。1つだけ、考えにくいものがあります。それはどれでしょうか？

左ページの「解き方のポイント」も見よう！

目標時間

A

B

解き方のポイント

ひとつだけ、他の物語がふくまれていないかな？
今まで読んだ物語で似(に)ているシーンを見つけると
答えが見つかるよ！

答えは206ページ

物語文を読む前に

『桃太郎』には、「桃太郎のほうが悪い」という意見もあります。
それはなぜだと思いますか？
このあとの物語をくり返し読んで考えてみましょう。

解答例は162ページ

鬼の立場になって
考えてみると、
わかるかもしれないね！

物語文

前のページに書いてある問いを頭のかたすみに置きながら、次の物語文を高速で読みましょう。

読むのにどれくらいかかるか時間をはかってみよう！

目標時間

　桃太郎はずんずん進み、大きな山の上にたどり着きました。すると、「ワン、ワン」と草むらの中から犬が一匹かけてきます。

「桃太郎さん、どちらへお出かけですか」

と犬はおじぎをしてたずねました。

「鬼ケ島へ、鬼をたおしに行くのだ」

「お腰に下げたものは、何でございます」

「日本一のきびだんごさ」

「一つください。おともしましょう」

「よしよし、やるからついてこい」

犬はきびだんごをもらい、桃太郎についていきま
した。

　山を下りてしばらく行くと、今度は森の中に入りました。すると木の上から「キャッ、キャッ」とはしゃぎながら、さるが一匹かけ下りてきました。

「桃太郎さん、どちらへお出かけですか」

とさるはおじぎをしてたずねました。

「鬼ヶ島へ鬼をたおしに行くのだ」

「お腰に下げたものは、何でございます」

「日本一のきびだんごさ」

「一つください。おともしましょう」

「よしよし、やるからついてこい」

　さるもきびだんごをもらって、後からついて行き

ました。

広い野原へ出ると、空の上で「ケン、ケン」と鳴きながら、きじが飛んできました。

「桃太郎さん、どちらへお出かけですか」

と、きじはおじぎをしてたずねました。

「鬼ヶ島へ鬼をたおしに行くのだ」

「お腰に下げたものは、何でございます」

「日本一のきびだんごさ」

「一つください。おともしましょう」

「よしよし、やるからついてこい」

きじもきびだんごをもらって、桃太郎について行きました。犬とさるときじという頼もしい家来ができ、勇み立って道を進んでいくと、広い海辺に出ました。そこに、船が一そうつないでありました。

桃太郎たちは、早速この船に乗り込みました。

犬はこぎ手、さるは舵取り、きじは物見を務めます。まっ青な海の上には波一つありません。目の回るような速さで船は走っていきました。

ほんの一時間ほど走ったころ、向こうをながめていたきじが「島が見えた！」とさけびました。そしてまっすぐに風を切って、飛んでいきました。

見ると、遠い海の果てに薄黒いものが見えます。

船が進むにしたがって、だんだんはっきりと島の形になって、あらわれてきました。

「ああ、鬼ヶ島が見える」

桃太郎がこう言うと、家来たちは声をそろえて、「ばんざい」とさけびました。

みるみる鬼ヶ島が近くなり、硬い岩が積み重ねられた鬼の城が見えてきました。黒い鉄の門の前に、見張りをしている鬼の兵隊の姿も見えました。

桃太郎は犬とさる、きじをしたがえて、船からひ

らりと陸の上にとび上がりました。

見張りをしていた鬼の兵隊は、桃太郎たちを見るとあわてて門の中に逃げ込んで、鉄の門を固く閉めてしまいました。

犬は門の前に立って、

「日本の桃太郎さんがおまえたちをたいじしにきたぞ。開けろ、開けろ」

と、ドンドン扉をたたきました。鬼たちはふるえ上がって、必死に中から門を押さえました。

すると、きじが屋根の上からとび下りてきて、門を押さえている鬼どもの目をつつきまわりました。鬼はたまらず逃げ出し、そのすきにさるがするすると高い岩壁をよじのぼっていって、簡単に門を中から開けました。

「わあっ」と声を上げて、桃太郎の家来たちが勇ましくお城の中に攻め込むと、鬼の大将も大勢の家来を引き連れて、太い鉄の棒を振り回しながら向かってきます。

けれども、体が大きいばっかりで、いくじのない鬼どもは、さんざんきじに目をつつかれた上に、犬に向こうずねを食いつかれて逃げまわり、さるに顔を引っかかれておいおい泣き出し、鉄の棒も何もほうり出して、降参してしまいました。

おしまいまでがまんして戦っていた鬼の大将も、とうとう桃太郎に組みふせられてしまいました。

桃太郎は大きな鬼の背中に馬乗りにまたがって、

「どうだ、これでも降参しないか」

と言い、ぎゅうぎゅう押さえつけました。

鬼の大将は、桃太郎に首を絞められ、苦しくてたまりません。大粒の涙をぼろぼろこぼしながら、

「降参します、降参します。命だけはお助けください。そのかわりに宝物を残らずさしあげます」

と、必死にあやまりました。

鬼の大将は、世界中から集めた貴重な宝物をお城から運び出してきました。桃太郎と家来はそれらを

車に積んでまた船に乗りました。

船が陸に着くと、宝物をいっぱい積んだ車を引き出し、

「えんやらさ、えんやらさ」

三人の家来はかけ声をあげて進んでいきました。

家ではおじいさんとおばあさんが首を長くして待っていました。そこへ桃太郎が三人のりっぱな家来に宝物を引かせて帰ってきたので、おじいさんもおばあさんも大喜びです。

「えらいぞ、それこそ日本一だ」

とおじいさんは言いました。

「まあまあ、けががなくて、何よりさ」

とおばあさんは言いました。

桃太郎は、家来の方を向いてこう言いました。

「悪い鬼を退治するのは楽しかったかい」

犬はワン、ワンとうれしそうにほえました。さるはキャッ、キャッと笑いながら、白い歯をむき出しました。きじはケン、ケンと鳴きながら、くるくると宙返りをしました。

空は青々と晴れ上がって、庭

には桜の花が咲き乱れていました。

楠山正雄『桃太郎』（『日本の神話と十大昔話』講談社）改変

〈150ページの解答らん〉

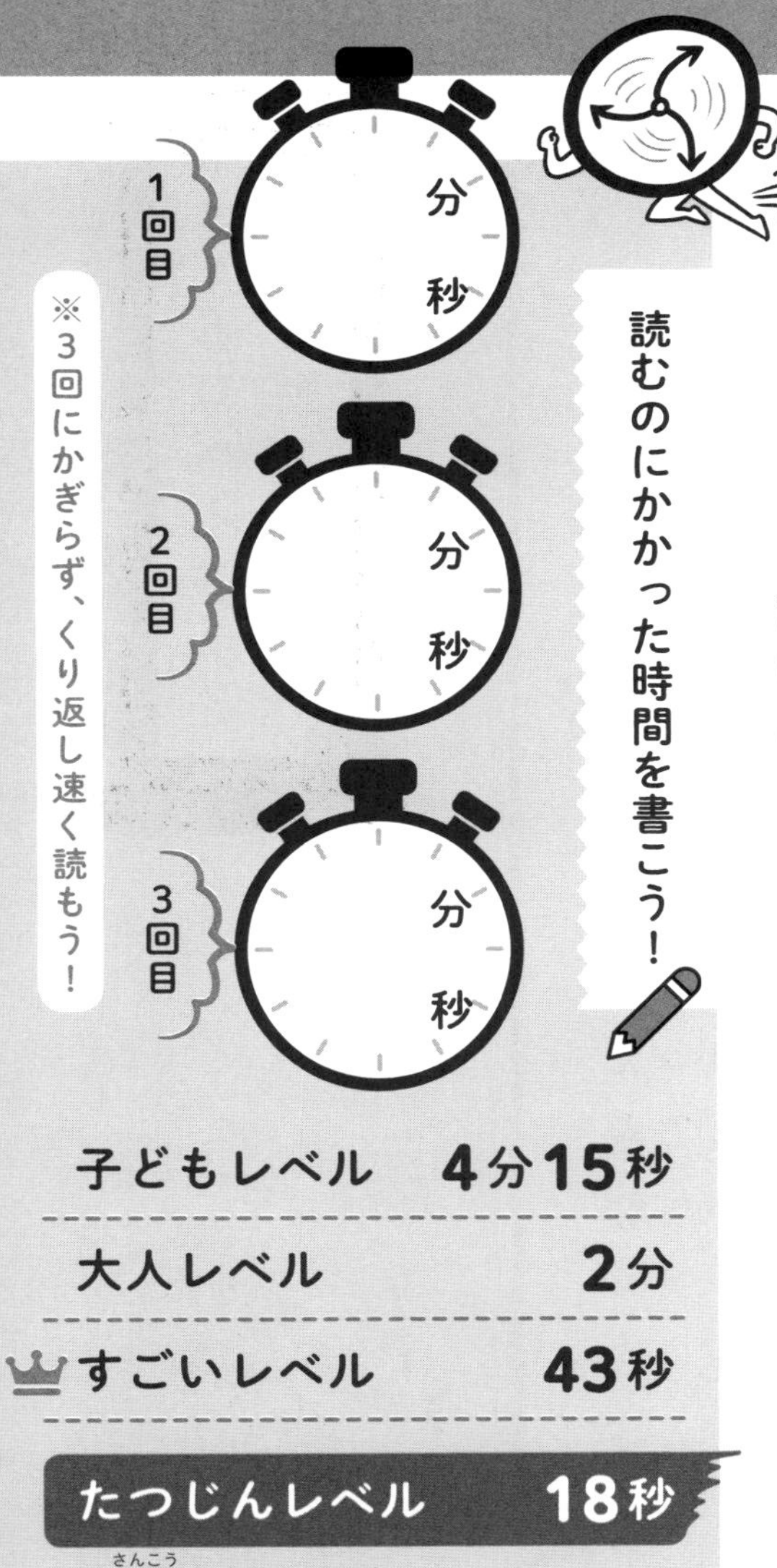

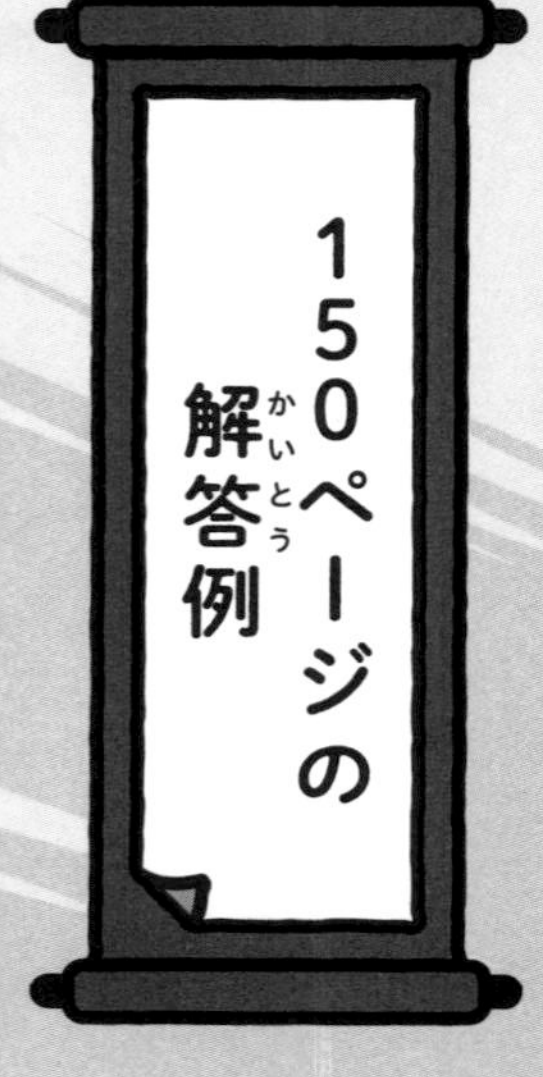

150ページの解答例

- 良いことをしてお金持ちになった鬼もいるかもしれないのに、桃太郎は「鬼＝悪者」と決めつけてたいじした。さらに鬼の持ち物を取り上げたから。

- 鬼から得た宝は結局鬼に返していないから。

- 話もせず、いきなり鬼に暴力を振るっているから。鬼は桃太郎たちがおそってきたので、自分たちを守るためにしかたなく戦った可能性もある。

など

物語の捉え方にはいろいろあります。『桃太郎』も、「桃太郎がヒーローで鬼が敵」として知られていますが、鬼の立場から考えると、桃太郎こそ「敵」であり、悪者です。実際に桃太郎が悪者で、鬼は被害者として書かれた物語も存在します（芥川龍之介著『桃太郎』）。

物語を読むときは、主人公以外の立場に立って読むと感じ方が変わってきます。作者の立場で読んでみるのもいいでしょう。

いろいろな視点で読めるようになると、文章に対する理解の幅がぐっと広がります。

では、もう一度物語を読んでみましょう。読む速さはどうなっているでしょうか？

レベル：★★☆☆☆

問題 3

次の点を、1から130まで高速でつないで、絵を完成させましょう。

25
26
28
29
46
45
30
31
35
36
44
27
43
32
34
37
42
38
39
41
33
40

左ページの「解き方のポイント」も見よう！

目標時間

点をつないだらどうなるか、点をつなぐ前に想像すると速く解けるよ！

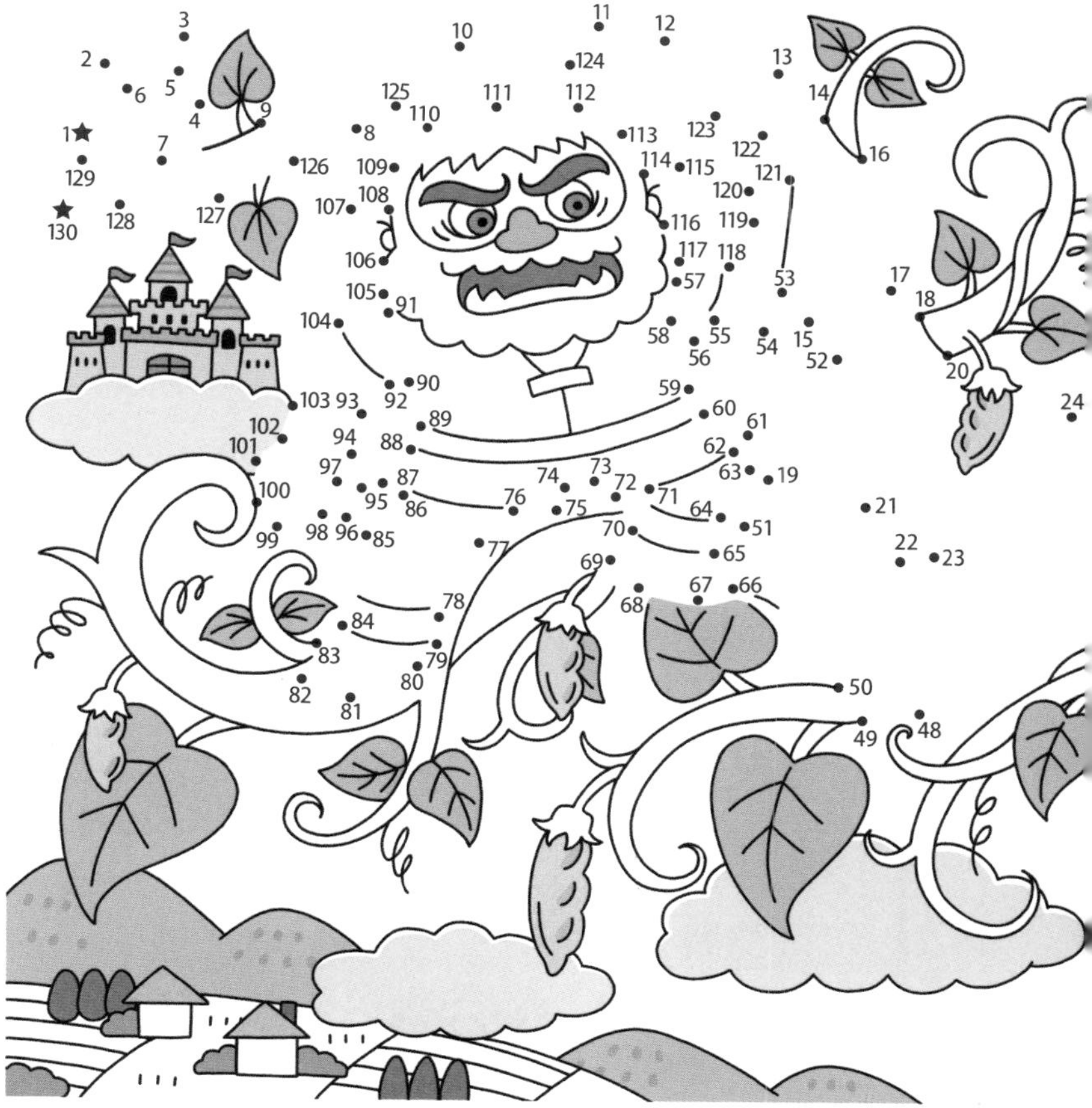

答えは206ページ

レベル：★★☆☆☆

問題 4

次の言葉を使って文章を考え、左ページに書いてみましょう。

目標時間

例題 豆、鬼（おに）、つる、家、登る

解答例：鬼（おに）を追いかけて、豆から生えたつるを登ったところ、ある家の前に出た。

問題A

生む、金、卵、ニワトリ、驚（おどろ）く

問題B

だんろ、かくれる、大男、怖（こわ）い、のぞく

問題C

城、鬼（おに）、男、取り返す、宝

文章を考える練習をすると、本を読むスピードも上がって役立つよ！

〈解答らん〉

問題A

問題B

問題C

答えは206ページ

物語文を読む前に

このあとの物語『ジャックと豆の木』を読みながら答えましょう。

問題1 物語では、ジャックがヒーローのように見えますが、本当にそうでしょうか？ジャックが悪者だと考えられる根拠（こんきょ）*を探（さが）しましょう。

＊根拠（こんきょ）とは、理由となるものという意味だよ。

問題2

ジャックはなぜ、巨人の家に泊めてもらえたと思いますか。想像でいいので、理由を考えてみましょう。

- 問題1 はジャックが行動するキッカケになったことをヒントに探してみると見つかりやすいかも？

- 問題1 の答えがわかったら、問題2 の答えも考えてみよう。わからない場合はとばしてね。

解答例は178ページ

物語文

前のページに書いてある問いを頭のかたすみに置きながら、次の物語文を高速で読みましょう。

読むのに
どれくらいかかるか
時間を
はかってみよう！

目標時間

朝、ジャックはふと窓の外を見ました。するとと昨晩、庭に投げ捨てられた豆の種から芽が生え、ひと晩のうちに、太くて立派な豆の大木が高く高くのびていました。

びっくりしてジャックが庭へ出てみると、つると葉とがからみ合ってまるで太いはしごのようになり、空のずっと上までのびています。

どこまで登っていけるのか不思議に思ったジャックは、豆の木に足をかけました。そして、家が見えなくなるほど高いところまで登り、ようやく豆の木

のてっぺんに着きました。

そこは不思議な国でした。青々と生い茂った、静かな森が広がっています。美しい花が一面に咲いている草原もあります。

高い空の上に、こんなにきれいな国があるなんて想像もしていなかったジャックは、しばらく見とれていました。そこへ、おばあさんがやって来ました。そしてジャックに突然話しかけました。

「向こうに鬼の大男の城がある。実は昔、あなたのお父さんは大男に殺され、城ごと宝を奪われてしまった。あなたとお母さんは下界に落とされ、貧しい暮らしをするようになった。その大男をやっつけ、お父さんの宝を取り返すのがあなたの役目だよ」

その大男をこらしめて、奪われた宝を取り返さなくてはならない。ジャックはお腹が空いていることも、くたびれていることも忘れ、そんな気持ちがわき上がってきました。おばあさんにお礼を言って別れると、ジャックは勇んでお城に向かいました。

城に到着してとんとんと門をたたくと、鬼の大男の妻と思われる女が中から出てきました。

「どうか今晩泊めてくれませんか」と言うと、

「ダメだよ。おそろしい人食い鬼の大男が住んでいるんだから食べられちまう」と断られました。

「どうかこっそり泊まらせてください。くたびれてもう歩けないんです」とジャックはさらにお願いしました。

「しかたのない子だね。朝になったら帰るんだよ」

そのうち、ずしん、ずしんと地響きがするほど大きな足音を響かせて、大男が帰ってきました。妻はあわててジャックを暖炉の中にかくしました。

大男は部屋に入ると、

いきなり鼻を鳴らしながら、「人間のにおいがするぞ」と大声で叫びました。

妻はジャックが見つからないように「それはあなたがつかまえて牢屋に入れてある人間たちのにおいでしょう」と言ってごまかしました。

大男はしばらく鼻をくんくん鳴らしていましたが、ジャックを見つけられませんでした。

大男があきらめて夕食をとり始めたので、ジャックは暖炉からそっとのぞきました。むしゃむしゃと食べる大男の姿は、おそろしくてたまりません。

食事を終えると「おい、にわとりをつれてこい」と妻に命じました。妻がにわとりをテーブルの上にのせると、大男は「生め」と命令しました。すると

どうでしょう、にわとりは金のたまごを生んだのです。鬼はおもしろがって、いくつも金のたまごを生ませました。ジャックはおどろいてその様子を暖炉の陰からながめていました。

「すごいにわとりだな。きっとあれがお父さんの宝にちがいない」

やがて大男は大きないびきをかいて眠ってしまいました。ちょうど妻も台所へと消えたので、ジャックはそのすきに暖炉の中から出ました。そしてにわとりをわきに抱えると、急いでお城から走って逃げました。それから豆の木までやって来ると、木のはしごを下りて、ようやく家に帰り着きました。息子の行方を心配して探していたお母さんは、ジャックが帰って安心しました。

そして、ジャックが金のたまごを生むにわとりを見せると、お母さんはとても喜びました。親子は貧しい暮らしから抜け出し、幸せに暮らしました。

楠山正雄『ジャックと豆の木』（『妖女のおくりもの：イギリス・フランス童話集』小峰書店）改変

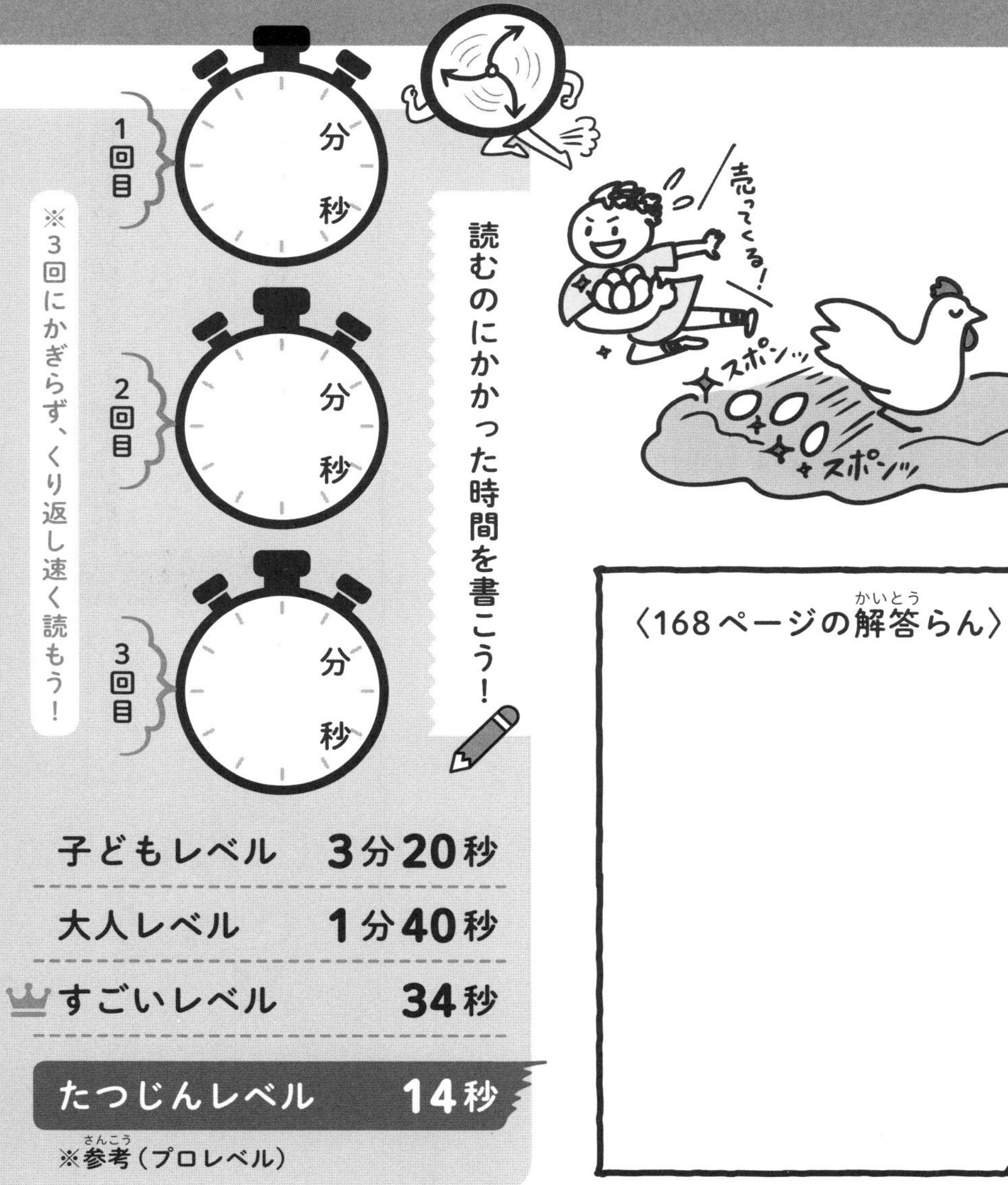

子どもレベル	3分20秒
大人レベル	1分40秒
すごいレベル	34秒
たつじんレベル	14秒

※参考（プロレベル）

〈168ページの解答らん〉

問題1

- 大男のものを盗んでいる時点で悪者。そもそも突然現れて話しかけてきたおばあさんの話をそのまま信じて行動するのもおかしい。

問題2

- 巨人の妻が、実はジャックの母親だった。ジャックの母親は父親から暴力を受けていて、大男を使って父親殺しを実行していた…？

など

いかがでしたか？

問題1では99ページで紹介した「クリティカルリーディング」を、問題2では106ページで紹介したイメージ力をきたえる問題をもう一度解いてもらいました。

身の回りの常識を逆の立場で考えると、必ずしも「正しい」とはかぎらないことがあります。

一般的にジャックはヒーローと思われがちですが、大男の立場から見ると〝泥棒〟ですよね。常識にとらわれてしまうと、自分の頭で考えなくなってしまいます。客観的な立場（主人公以外の見方）から文章を理解しようとすることは、本を読むうえでとても大切なことなのです。

そして客観的な立場で文章を読むためには、物語をある程度、読み返す必要があります。ゆっくり読んでいると、何度も読み返すことはできません。読み返す前に、きっとその本を読むことすらつらくなってしまうでしょう。物語への理解も深まりません。

一文字一文字をゆっくり読むのではなく、速く文字を「見る」ようにすればどうでしょうか。最後まですばやく読み終えることができるので、もう一度読もうという気分になるはずです。

主人公の立場に立って一度だけゆっくり読む

よりも、様々な立場から三回速く読んだほうが、その物語が伝えたいメッセージにも気づきやすくなります。

ゆっくり読んでも、理解を深めようとしなければ、「丁寧に読んでいる」とは言えないのです。何度も速く読んで、文章は丁寧に理解するよう心がけてみてください。

では、もう一度物語文を読んでみましょう。読む速さはどうなっているでしょうか？

問題 5

次のシーンを絵で描(か)いてみましょう。

レベル：★★★☆☆

① 竹を切ったら光り輝(かがや)くかぐや姫(ひめ)がいた

→正解例は206ページ

左ページの「解き方のポイント」も見よう！

目標時間

❷ かぐや姫と結婚したい５人の男性が、それぞれ品を差し出している様子

→正解例は206ページ

絵がなかなか描けない、という人は、「かぐや姫は○、おじいさんは△」というふうに、記号を使って表現する方法もあるよ！

レベル：★★★☆☆

問題 6

次のシーンを絵で描いてみましょう。

③ 泣いているかぐや姫とおじいさん

→正解例は206ページ

④ 天人に囲まれて空高く昇って行くかぐや姫

→正解例は 206 ページ

文字を見るだけでなく、絵を描くことでイメージ力がアップして、イメージ（絵）からたくさんの言葉が思い出せるようになるよ。

物語文を読む前に

次ページから始まる物語にタイトルをつけるとしたら、どんなものにしますか？

物語文を読みながら、原作『竹取物語』とはちがうタイトルを考えてみましょう。

解答例は198ページ

物語文

前のページに書いてある問いを頭のかたすみに置きながら、次の物語文を高速で読みましょう。

読むのに
どれくらいかかるか
時間を
はかってみよう！

目標時間

昔、竹を切って暮らすおじいさんがいました。

ある日、いつものように竹やぶに入ると、幹が光っている一本の竹を見つけました。おじいさんが不思議に思って切ってみると、筒の中に小さな美しい女の子が入っています。神様からの授かりものだろうと思い、手の上に乗せてつれて帰ると、

おばあさんも大喜び。かぐや姫と名付けて二人で大切に育てました。

かぐや姫は三ヶ月ほどですっかり年頃の娘に成長し、この世のものとは思えないほど美しくなりました。すると、かぐや姫をぜひ嫁にもらいたいと多くの男たちがやって来ました。中でも特に熱心だったのは、身分の高い五人の男たちです。名前を石造皇子、車持皇子、阿倍右大臣、大伴大納言、石上中納言と言いました。

しかし、かぐや姫は誰とも結婚したくありません。この家でおじいさんとおばあさんと、ずっと一緒に暮らすことを望んでいるのです。

そこでかぐや姫は言いました。

「私が望むものを見つけてくれた方の妻になります」

石造皇子には遠い*天竺にある仏の石の鉢、車持皇子には蓬莱山にある白玉の実がなる木の枝、阿倍右大臣には中国にある火ねずみの毛皮でつくった衣、大伴大納言には龍の首についている五色の玉、石上中納言にはツバメの巣の中にあるこやす貝と、手に入れるのが大変難しいものをあえて注文しました。

しかし、五人はかぐや姫を嫁にもらえるよう、知恵をしぼり、さまざまな工夫を図ります。

石造皇子は、石の鉢を取りに天竺へ

*天竺とはインドのことだよ。

行ったように見せかけて、その辺の山寺から石の鉢を持ってきました。ところが、仏の石の鉢は立派に光るはずなのにその鉢にはわずかな光もなく、嘘を見破られてしまいました。

車持皇子は、腕のいい細工職人に白玉の枝細工をつくらせて、かぐや姫のところに持っていきました。ところがそこへ、未払いだった代金を支払うよう職人が押しかけてきたため、つくり物だとかぐや姫に知られてしまいました。

阿倍右大臣は、中国に行く商人に火ねずみの毛皮の衣を買ってくるよう頼んで手に入れました。ところが、かぐや姫が火ねずみの毛皮は燃えないはずと火にくべてみたところ、たちまち燃えて灰になって

しまいました。

大伴大納言は、自分で船を漕いで海へ出かけ、海に住む龍を射落とそうとしました。しかし、激しい嵐に見舞われて船が遭難し、海辺に流されてしまいました。

石上中納言は、ツバメの巣をめがけて高く登っていきましたが、こやす貝を掴んだとたん、転落してしまいました。しかもそれは貝ではなくツバメのフンだったのです。

結局、かぐや姫を妻にできた者はいませんでした。

かぐや姫のその美しさはついに帝の耳にまで届き、あるとき帝自らかぐや姫の家を訪ねてきました。まばゆいばかりの美しさはうわさ以上だと感じた帝が近寄ると、かぐや姫は奥へ逃げていってしまいました。

「逃げないでくれ。私と宮中に行こう」

「それはできません。私はこの国の者ではないのです」

かぐや姫がかたくなに拒むため、帝はその日はあきらめて帰っていきました。それからというもの、二人はとき

どき手紙を交わす仲となりました。

　三年ほどの月日がたちました。その年の春先から、かぐや姫は月のきれいな晩になると、月をながめて悲しそうな顔を見せるようになりました。特に七月の十五夜には泣いてばかりいます。

　心配になったおじいさんが理由をたずねる

と、

「実は私は月の都の者なのです。この八月の十五夜に迎えの人たちが来れば、天上に帰らなければなりません。おじいさんとおばあさんとお別れするのがとても悲しく、泣いていたのです」

かぐや姫はそう言って、さらに泣き入りました。

「大事に育てたわが子を失うなんて」

おじいさんも悲しさのあまり、泣き出しました。

やがて、八月の十五夜がやって来ました。おじいさんは帝にお願いして、二千人の武士に家を守ってもらいました。おばあさんはかぐや姫と蔵の中に入り、おじいさんは蔵の戸をしっかり閉めて、戸の前にいます。

夜もふけると、家のあたりが突然強い光で明るく照らされました。そして空から雲に乗った人々が降りてきて、空中でずらりと並びました。武士たちは弓を構えましたが、なぜか力が出ず動けなくなってしまいました。

そこへ月の方から声が響き渡りました。

「かぐや姫はもう月の都に帰らねばなりません」

すると不思議なことに、しっかり閉めていた格子も蔵の戸も自然と開いて、かぐや姫が月に吸い寄せられるように蔵から出てきました。おじいさんは止めようとあがきましたが、どうにもできません。

かぐや姫は「おじいさん、おばあさん、育ててくれてありがとうございました」と言い、帝への手紙を託しました。そして天の羽衣を着ると、天人に取り囲まれて空高く昇っていきました。

おじいさんとおばあさんは声をあげて泣きながら、その姿をいつまでも見送っていました。

和田萬吉『竹取物語』

（『竹取物語・今昔物語・謡曲物語』アルス）改変

読むのにかかった時間を書こう！

1回目　分　秒

2回目　分　秒

3回目　分　秒

※3回にかぎらず、くり返し速く読もう！

子どもレベル	4分12秒
大人レベル	2分6秒
すごいレベル	42秒
たつじんレベル	18秒

※参考（プロレベル）

〈186ページの解答らん〉

- 月からやってきたお姫様
- かぐや姫と5人の王子
- さようなら、かぐや姫

など

解いてみていかがでしたか。原作の『竹取物語』とはちがう、他のタイトルを思いついたでしょうか。

『竹取物語』を読んで、「誰もが最後はお別れをしなければならない」と理解した場合、『さようなら、かぐや姫』というタイトルになるかもしれません。

あるいは、月からきた人たちの立場から考えれば、『むかえにきたよ、かぐや姫』というタイトルも出てくるでしょう。

タイトルを考えることは、物語を一つのイメージにまとめるトレーニングになります。

自分なりに理解したイメージを持ちながら、話に合う言葉は何かを〝自分で〟考えることで、読解力をきたえることができます。

正解は一つではありませんので、自分の中で、納得いくまで考えることが大切です。また考えたことを家族や友だちに話すことで、自分では思いつかなかった考えも知ることができるのでおすすめです。

たとえば131ページの『蜘蛛の糸』を読んで、「自分のことばかり考えるとうまくいかない」という感想を抱く人もいれば、「そもそもお釈迦様の助け方がひどすぎる」などと感じる人もいるでしょう。

物語は一つでも、読んだ人の数だけ、いろいろな捉え方があります。

本は、読むだけで終わるのではなく、読んだ人たちと感想を言い合うと、世界が広がります。そしてより深く、その物語について考えることができるので、理解力も深まります。ぜひ試してみてください。

では、もう一度物語文を読んでみましょう。

読む速さはどうなっているでしょうか?

認定書
おめでとうございます!!
あなたは
「理解力がアップする」
能力を手に入れました！
これで速読マスターです!!
レベルアップ
読むスピードアップ！
ゴール！
ササササササッ!!

おわりに

最後までお読みいただき、ありがとうございます。

特に活字嫌いで、読書が苦手な人には、最後まで一冊を読み切ったことに対して「おめでとうございます」とお伝えしたいです。

本書の制作はもともと、「子ども向けの速読本がつくれないか？」という依頼がきっかけでした。

「子どもには、丁寧に文章を読む習慣をつけさせたいから速読はやらせたくない」と考える親御さんがいらっしゃいます。また昨今、読解力の低下も懸念されています。それらの状況を考慮し、本書では、読解力を上げつつ、速読力もきたえられる問題をそろえました。

結果的に子どもだけではなく、大人も取り組める内容に仕上がりました。ぜひたくさんの人に楽しんでいただきたいと思っています。そして本書を通じて、本当の意味で「丁寧に文章を読むとはどういうことか？」が伝わればうれしい限りです。

読書が苦しいものではなく、「面白く、楽しいもの」で、「自分なりにいろいろと考えていい世界なんだ」というイメージに変われば、著者冥利に尽きます。

最後に、今回の出版にあたって制作に携わってくださった皆様、陰ながら日頃から私を支えてくれている家族に感謝を申し上げます。

答え

ステージ1・問題1

問題2

問題3

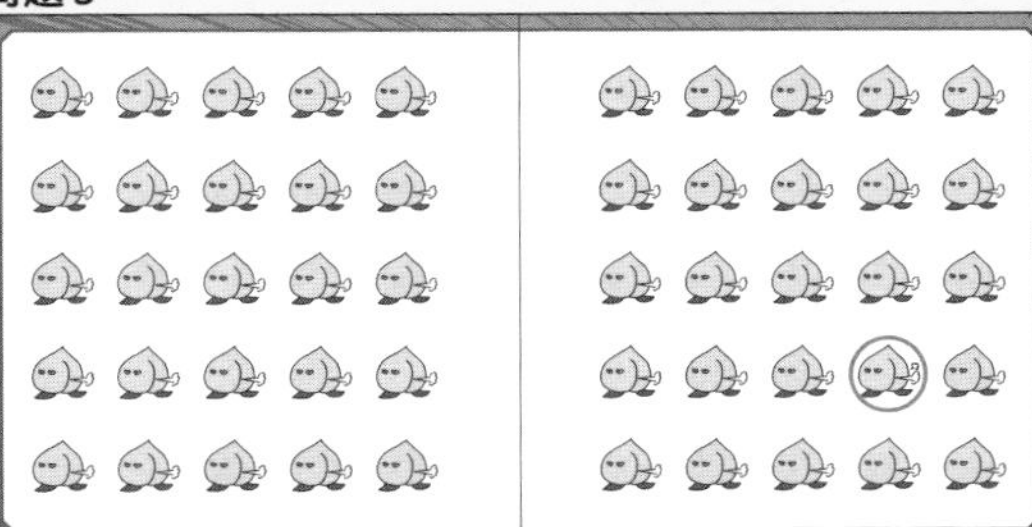

問題4

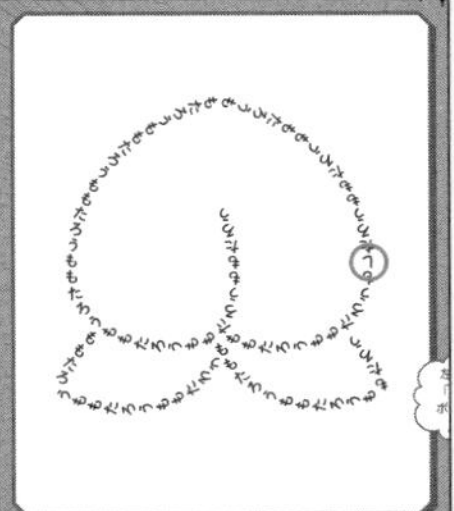

ステージ2・問題1

おりこ ➡ こおり
すから ➡ からす
なきゆこ ➡ こなゆき
りわにと ➡ にわとり
おうじょ ➡ じょおう
ぞおらお ➡ おおぞら
おみかお ➡ おおかみ
んぶうす ➡ ぶんすう
うみみず ➡ みずうみ

まあた ➡ あたま
がわけ ➡ けがわ
しゃば ➡ ばしゃ
うしぼ ➡ ぼうし
ろばひ ➡ ひろば
というが ➡ がいとう
ちむゅう ➡ むちゅう
ざけかん ➡ かけざん
おどりおお ➡ おおどおり

問題2

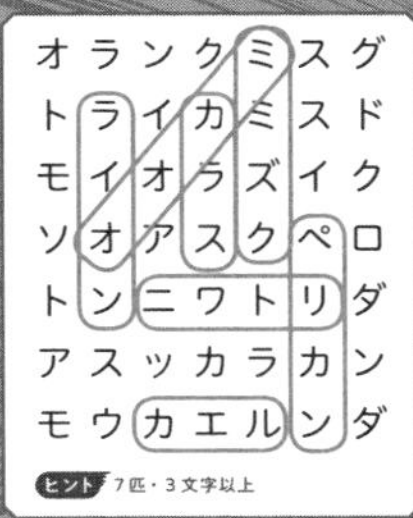

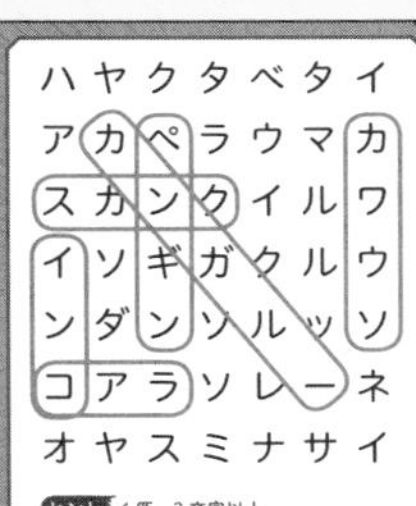

問題3

問題4

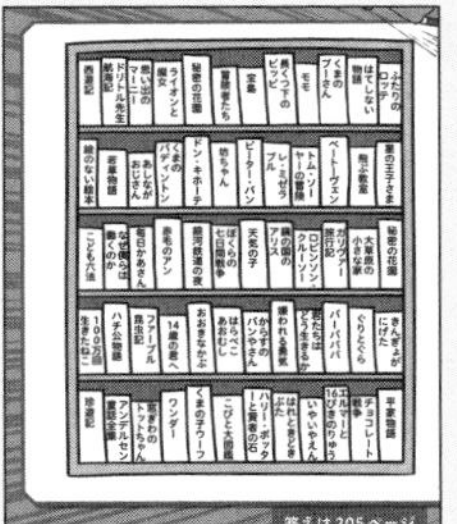

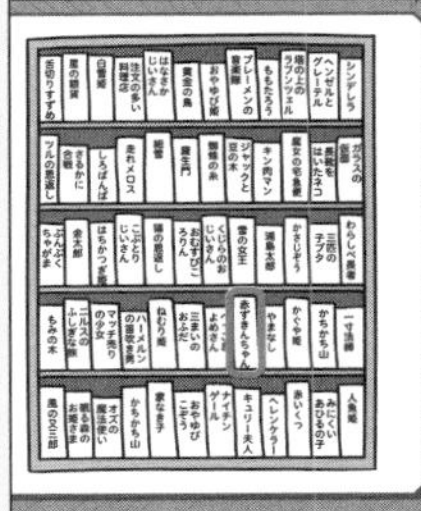

答え

ステージ3・問題1

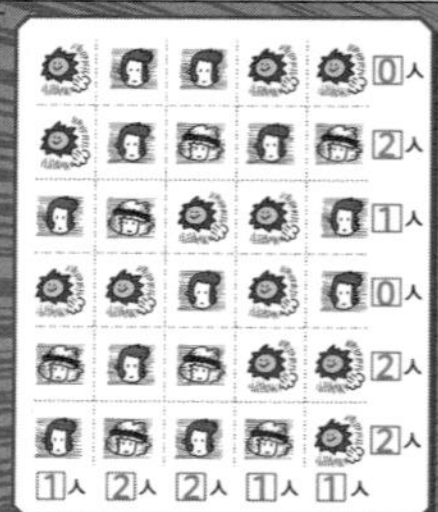

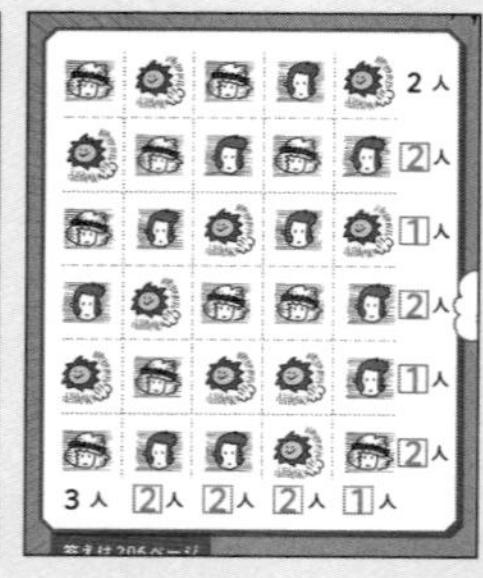

問題2

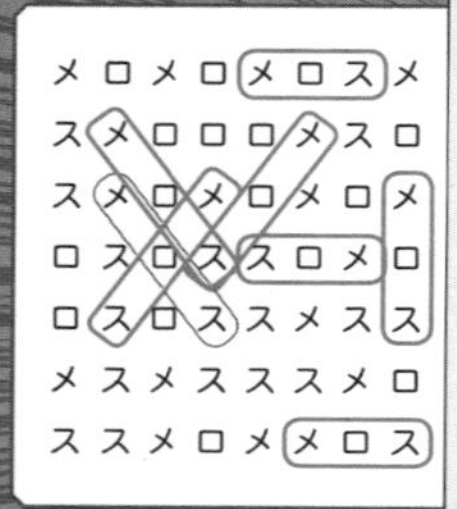

問題3

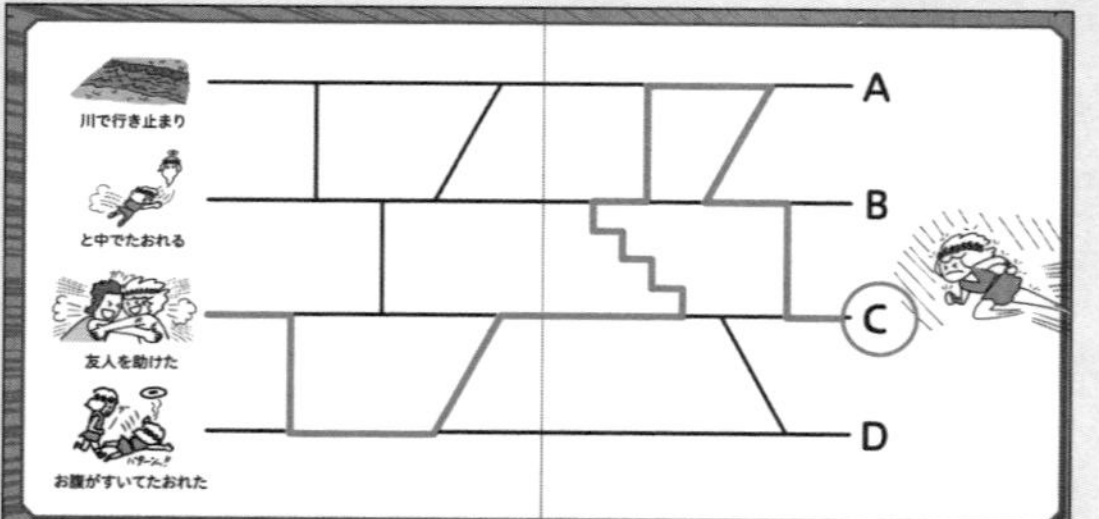

ステージ4

問題2

❷玉手箱　❸カメ

❹乙姫　❺竜宮城

❻イカ　❼海（砂浜）

❽男の子（彦星）と牛

❾つりざお　❿タコ

ステージ5

問題1

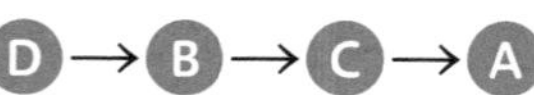

問題2

B（桃太郎は亀とちがって、海の中で息ができないから）

問題3

問題4

問題A　ニワトリが金の卵を生んで驚いた。／驚いたことに、ニワトリが金の卵を生んだ。　など

問題B　大男が怖いので、だんろにかくれてのぞいた。／だんろにかくれて外をのぞいていると、怖い大男がやって来た。など

問題C　男は城にいる鬼から宝を取り返した。／城にいた男は鬼から宝を取り返した。など

問題5 ❶

❷

問題6 ❸

❹

角田和将

（つのだ かずまさ）

速読日本一／速読コーチ

高校時代、国語の偏差値はどんなにがんばっても40台。本を読むことが嫌いだったが、借金を返済するため投資の勉強を開始。そこで500ページを超える課題図書を読まざるを得ない状況になり、速読を学び始める。勉強開始から8カ月後に日本速脳速読協会主催の2010年第6回速読甲子園で銀賞（準優勝）、翌月に開催された特別優秀賞決定戦で速読甲子園優勝者を下して優秀賞（1位）を獲得。日本一となり、その後独立。3.5万人を超えるメルマガ購読者に対して、速読が持つ本当の力を最大限に活かし、時間の質と量を変えることの大切さを伝えている。セミナー講演では国内外を飛び回り、95%以上の高い再現性を実現している。指導した生徒の読書速度向上の平均は3倍以上。「1日で16冊読めるようになった」「半月で30冊読めるようになった」などの声が届く。ワンランク上を目指す速読指導も行っている。

著書に、シリーズ累計20万部を突破している『1日が27時間になる！速読ドリル』（総合法令出版）、『速読日本一が教える すごい読書術——短時間で記憶に残る最強メソッド』（ダイヤモンド社）、『速読日本一が教える 速読の教科書』（日本能率協会マネジメントセンター）などがある。

5分見るだけでどんな人でも高速で本が読めるようになるドリル

2020年11月20日　発行
2021年 4 月10日　3版発行

著者　角田和将
発行者　横内正昭
発行所　株式会社ワニブックス
〒150-8482
東京都渋谷区恵比寿4-4-9
えびす大黒ビル
電話　03-5449-2711（代表）
03-5449-2734（編集部）

カバーデザイン　辻中浩一、小池万友美（ウフ）
本文デザイン＋DTP　藤塚尚子（e to kumi）
イラスト　村山宇希（ぽるか）、
あだちゆう（p60～61、164～165）
執筆協力　飯島愛／山田泰造
（コンセプト21）
編集協力　大島永理乃
編集　内田克弥（ワニブックス）
校正　玄冬書林
印刷所　株式会社光邦
製本所　ナショナル製本

本書に掲載している物語文は、「青空文庫」内にある内容をもとに現代語訳、改変したものです。

ISBN 978-4-8470-9971-7

ワニブックスHP　https://www.wani.co.jp/
WANI BOOKOUT　http://www.wanibookout.com/
WANI BOOKS NewsCrunch　https://wanibooks-newscrunch.com